MINYING JINGJI DE
HONGSE YINQING

民营经济的
红色引擎

董勇 等著

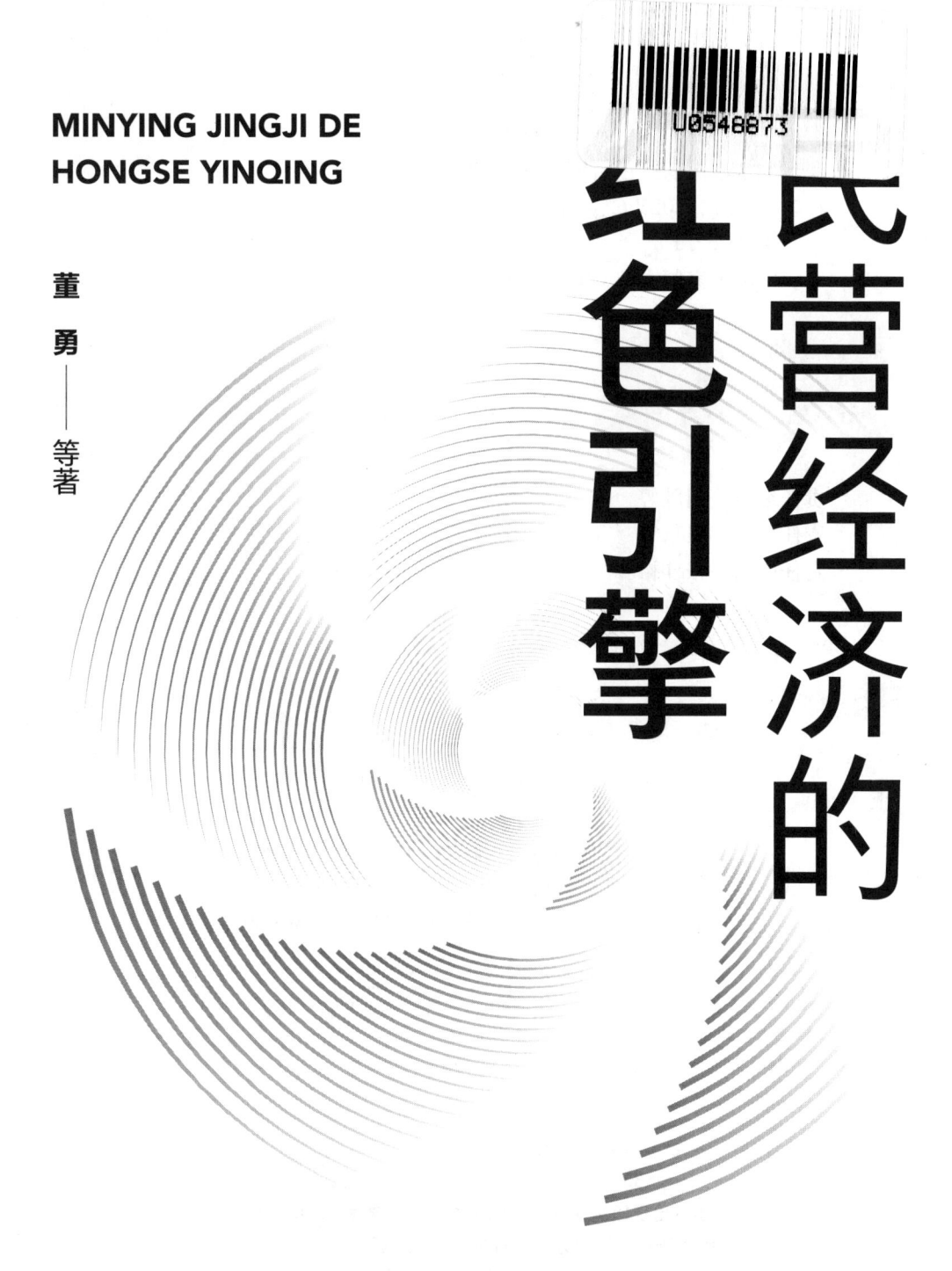

中国财经出版传媒集团
经济科学出版社
Economic Science Press
·北京·

图书在版编目（CIP）数据

民营经济的红色引擎／董勇等著． -- 北京：经济科学出版社，2025.6. -- ISBN 978 - 7 - 5218 - 6912 - 5
Ⅰ. D267.1
中国国家版本馆 CIP 数据核字第 2025BC8293 号

责任编辑：周胜婷
责任校对：王京宁
责任印制：张佳裕

民营经济的红色引擎

董 勇 等著

经济科学出版社出版、发行 新华书店经销
社址：北京市海淀区阜成路甲 28 号 邮编：100142
总编部电话：010 - 88191217 发行部电话：010 - 88191522
网址：www.esp.com.cn
电子邮箱：esp@esp.com.cn
天猫网店：经济科学出版社旗舰店
网址：http://jjkxcbs.tmall.com
北京季蜂印刷有限公司印装
710×1000 16 开 14.75 印张 200000 字
2025 年 6 月第 1 版 2025 年 6 月第 1 次印刷
ISBN 978 - 7 - 5218 - 6912 - 5 定价：89.00 元
（图书出现印装问题，本社负责调换。电话：010 - 88191545）
（版权所有 侵权必究 打击盗版 举报热线：010 - 88191661
QQ：2242791300 营销中心电话：010 - 88191537
电子邮箱：dbts@esp.com.cn）

前　　言

潮起钱塘，道汇之江。

改革开放以来，随着社会主义市场经济体制的逐渐完善，国内民营经济从弱到强、从小到大，逐渐成为经济增长的主力军、科技创新的主动力、就业创业的主渠道，非公企业党建也随之不断发展完善。2002年11月，党的十六大首次在党代会报告中明确提到非公有制经济组织党的建设问题，并第一次把非公有制经济组织中党组织的职责写进了党章。自此，非公企业党建开启了发展新篇章。2025年初，习近平总书记参加民营企业座谈会并发表重要讲话强调，民营经济发展前景广阔大有可为，民营企业和民营企业家大显身手正当其时。这一讲话鼓舞人心，既体现了党和政府支持民营经济发展的决心，又指明了广大民营企业和民营企业家所应承担的使命。

干在实处，走在前列，浙江非公企业党建工作始终勇立潮头。从"八八战略"创造浙江新优势、全面建成小康社会，到推进三个"一号工程"，浙江坚持以"两个先行"打造"重要窗口"。在推进中国式现代化的进程中，浙江民营经济作为一张"金名片"，不仅成为浙江经济最大的特色、最大的资源和最大的优势，还积极探索与创造了非公企业党建众多"第一个"，提供了一个个鲜活丰富的示范样本，并逐渐形成了"党建抓实了就是生产力、落细了就是凝聚力、做强了就是战斗力"的基本共识和工作经验。

20多年来，浙江非公企业党建的生动实践，彰显了有特色、高质量党建在民营经济发展中的"红色引擎"作用，昭示了非公企业党建在维护社会和谐稳定中发挥的"关键角色"，更力证了非公企业党建是新时代民营经济紧跟党组织前进的"定盘星"。

　　习近平总书记关于非公企业党建的重要论述与浙江有很深的渊源和联系，是习近平新时代中国特色社会主义思想的重要组成部分，具有重要的理论价值和实践价值。通过追寻习近平总书记对非公企业党建的重要指示，对浙江民营企业党建优秀案例进行重点考察，总结其中的特色做法和经验启示，探寻非公企业党建对民营经济的促进作用机理，并建立数据模型对非公企业党建的促进作用进行实证分析，可以为丰富党建理论相关研究提供新的经验数据和不同的研究视角。

　　惟改革者进，惟创新者强。新时代新征程，在习近平新时代中国特色社会主义思想的指引下，在共同富裕及新质生产力的双向奔赴中，在高质量非公企业党建的春天里，民营经济必将迎来崭新的发展机遇和境界——

　　在中国式现代化建设的先行示范中奏响"最强音"，

　　在"一带一路"倡议的共建实践中壮大"朋友圈"，

　　在人类命运共同体和全球化发展的奋进中续写中华民族伟大复兴的"诗和远方"。

2025 年 2 月

目录

序章　习近平关于非公企业党建的重要论述 / 1

第一章　星星之火：浙江民营企业党支部的
　　　　诞生与意义 / 7

　　第一节　民营经济的快速发展 / 8
　　第二节　浙江民营企业党支部诞生 / 14
　　第三节　非公企业党建激越瓯江潮 / 21

第二章　时代呼唤：非公企业党建的
　　　　发展模式与历程 / 34

　　第一节　非公企业党建的主体定位 / 35
　　第二节　非公企业党建的模式创新 / 41
　　第三节　非公企业党建的发展历程 / 46

第三章　继往开来：非公企业党建的行动
　　　　逻辑与轨迹 / 61

　　第一节　非公企业党建中行动者逻辑分析 / 62

第二节　非公企业党建的作用机理 / 71

第三节　影响非公企业党建有效嵌入的要素成因 / 76

第四章　守正创新：浙江非公企业党建的样本与价值 / 79

第一节　正泰集团股份有限公司："五结合"班组，推动"绿色发展" / 80

第二节　温州嘉利特荏原泵业有限公司："三感融合"，走出合资企业发展新路子 / 88

第三节　雅戈尔时尚股份有限公司："红领袖工程"，永葆企业"青春" / 98

第四节　横店东磁："东方风来，磁心向党"，"1+5+N"齐发力 / 106

第五节　浙江梅轮电梯："四心四力"，营造"上""下"同欲世界范 / 117

第六节　红五环集团股份有限公司：红色"聚五环"，提升活力"红五环" / 125

第七节　台州路桥："六链融创"，闯出产业发展"加速度" / 135

第八节　丽水："绿谷红领"，比学赶超创品牌 / 144

第五章　典型解读：基于79家上市非公企业面板数据的党建作用分析 / 153

第一节　回顾中看不足 / 154

第二节　假设中寻方向 / 156

第三节　实证中释关联 / 160

第六章　未来展望：新时代非公企业党建的提升与引领 / 174

第一节　新时代非公企业党建发展现状及面临挑战 / 175

第二节　新时代非公企业党建高质量发展的核心内容 / 182

第三节　新时代非公企业党建高质量发展的理论内涵 / 185

第四节　新时代非公企业党建高质量发展的实践价值 / 203

第五节　新时代非公企业党建实质性作用及发挥路径 / 209

参考文献 / 215

后记 / 224

序章

习近平关于非公企业党建的重要论述

序号	重要论述内容
1	温州在非公有制企业、新社团组织等新领域的党建工作上作了积极的探索和创新，积累了许多经验，今后还要进一步完善新领域党组织的工作制度，更好地发挥制度的作用，不断扩大党的工作覆盖面。 ——摘自2002年12月23日在温州市考察调研时的讲话①
2	加强教育、引导和管理、监督，促进个私经济健康发展。进一步加强非公有制企业党建工作，强化政治领导和思想教育。 ——摘自2003年3月15日在《经济时报》发表的《坚持"两个毫不动摇"再创浙江多种所有制经济发展新优势》②
3	在非公企业中发展党员，加强非公企业党建工作是新的历史时期所面临的新的重大课题，要不断总结经验，积极探索创新，创造新的环境，适应新的形势要求，进一步加强非公企业党建工作，以此为动力促进民营经济大发展。 ——2003年6月11日习近平调研金华横店集团东磁股份有限公司时指示③

---

① 习近平. 干在实处 走在前列 [M]. 北京：中共中央党校出版社，2006：490.
② 习近平. 干在实处 走在前列 [M]. 北京：中共中央党校出版社，2006：93.
③ 吴高强. 围绕发展抓党建，抓好党建促发展 [N]. 东阳日报，2003-06-12（01）.

续表

序号	重要论述内容
4	正因为多种所有制经济在市场竞争中相互促进，共同发展，才形成了我省的体制机制优势。 ——摘自2003年7月10日习近平在浙江省委十一届四次全体（扩大）会议上的讲话①
5	我省广大民营企业家是中国特色社会主义事业的建设者，是浙江精神的重要创造者，是我省全面建设小康社会、提前基本实现现代化的重要力量。全省人民感谢广大民营企业家的创造和奉献。 ——摘自2003年12月13日习近平《致全省民营企业家的一封信》②
6	要以党的思想来凝聚群众，以发展的目标来凝聚群众，以深入的群众工作来凝聚群众，以关心群众的实际困难来凝聚群众。 ——2004年2月习近平提出非公企业的"凝聚力工程"③
7	要创新组织覆盖和工作覆盖。进一步加强非公有制企业、新社团组织、城市社区等新领域党建工作的探索力度，大力推行支部建在楼道中、支部建在项目上、支部建在专业协会上等行之有效的做法，不断拓展党的工作领域，扩大党的覆盖面。 ——摘自2004年6月30日在今年建党83周年暨表彰农村党建"三级联创"先进单位和先进个人电视电话会议上的讲话④
8	在非公有制企业，要进一步做好在符合条件的企业中建立党组织的工作，重点把那些企业规模较大，影响也较大的非公有制企业的党组织建立起来。 ——2004年8月下旬习近平主持召开宁波、温州、绍兴、舟山、台州五市党建工作座谈会上的讲话⑤

①② 本书编写组. 干在实处 勇立潮头——习近平浙江足迹［M］. 杭州：浙江人民出版社，2022：55.

③ 中央党校采访实录编辑室. 习近平在浙江（下册）［M］. 北京：中共中央党校出版社，2021：137.

④ 习近平. 干在实处 走在前列［M］. 北京：中共中央党校出版社，2006：428.

⑤ 中央党校采访实录编辑室. 习近平在浙江（下册）［M］. 北京：中共中央党校出版社，2021：136.

续表

序号	重要论述内容
9	要进一步深化非公企业党建工作，扎实推进，务求实效，非公有制企业党组织要能够发挥实质作用，防止成为"花架子"。温州在这方面的探索时间较长，积累了一定经验，对其成功做法可以总结和借鉴推广。 ——摘自2011年2月18日习近平对温州非公党建工作的批示①
10	非公有制企业是发展社会主义市场经济的重要力量。非公有制企业的数量和作用决定了非公有制企业党建工作在整个党建工作中越来越重要，必须以更大的工作力度扎扎实实抓好。 非公有制企业仍属于党建工作新领域，新情况新问题多，工作基础薄弱，需要下大力气来抓。 加强和改进非公有制企业党建工作，抓好"两个覆盖"、发挥好党组织"两个作用"、加强"两支队伍"建设很重要。 非公有制企业面广量大、类型多样，各级党委要切实加强领导、落实责任，健全机构、配强力量，对民营、外资等不同规模、不同类型企业要注重分类指导，增强工作的针对性和实效性。 ——摘自2012年3月21日习近平在全国非公有制企业党的建设工作会议上的讲话②
11	一切非公有制经济人士和其他新的社会阶层人士，要发扬劳动创造精神和创业精神，回馈社会，造福人民，做合格的中国特色社会主义事业的建设者。 ——摘自2013年3月17日习近平在第十二届全国人民代表大会第一次会议上的讲话③
12	继续发扬"敢为天下先、爱拼才会赢"的闯劲，进一步解放思想，改革创新，敢于担当，勇于作为，不断做大做强，促进联合发展，实现互利共赢，为国家经济社会持续健康发展发挥更大作用。 ——摘自2014年7月8日习近平给福建企业家的回信④

① 大事记：浙江温州非公企业党建10年红色足印 [N]. 温州日报, 2021-02-19 (06).
② 周英峰：习近平会见全国非公有制企业党建工作会议代表 [EB/OL]. (2012-03-21) [2024-12-30]. https://www.gov.cn/jrzg/2012-03/21/content_2096772.htm.
③ 习近平：在十二届全国人大一次会议上的讲话 [EB/OL]. (2013-03-17) [2024-12-30]. https://www.gov.cn/ldhd/2013-03/17/content_2356344.htm.
④ 习近平总书记给福建企业家回信 [EB/OL]. (2014-07-21) [2024-12-30]. http://cpc.people.com.cn/n/2014/0721/c64094_25307806.html.

续表

序号	重要论述内容
13	促进非公有制经济健康发展和非公有制经济人士健康成长，要坚持团结、服务、引导、教育的方针，一手抓鼓励支持，一手抓教育引导，关注他们的思想，关注他们的困难，有针对性地进行帮助引导，引导非公有制经济人士特别是年轻一代致富思源、富而思进，做到爱国、敬业、创新、守法、诚信、贡献。 ——摘自2015年5月18日习近平在中央统战工作会议上的讲话①
14	新型政商关系，概括起来说就是"亲""清"两个字。对领导干部而言，所谓"亲"，就是要坦荡真诚同民营企业接触交往，特别是在民营企业遇到困难和问题情况下更要积极作为、靠前服务，对非公有制经济人士多关注、多谈心、多引导，帮助解决实际困难。所谓"清"，就是同民营企业家的关系要清白、纯洁，不能有贪心私心，不能以权谋私，不能搞权钱交易。对民营企业家而言，所谓"亲"，就是积极主动同各级党委和政府及部门多沟通多交流，讲真话，说实情，建诤言，满腔热情支持地方发展。所谓"清"，就是要洁身自好、走正道，做到遵纪守法办企业、光明正大搞经营。 ——摘自2016年3月4日习近平看望参加政协会议的民建、工商联界委员时的讲话②
15	党要管党，党建要全覆盖。根据经济社会发展和结构变化，党的组织形式、工作方法也要与之适应。要积极推动民企党建工作探索，因地制宜抓好党建、促进企业健康发展。 ——摘自2017年4月20日习近平在广西南宁主持召开基层代表座谈会时的讲话③
16	注重从产业工人、青年农民、高知识群体中和在非公有制经济组织、社会组织中发展党员。 ——摘自党的十九大报告《决胜全面建成小康社会 夺取新时代中国特色社会主义伟大胜利》

① 巩固发展最广泛的爱国统一战线为实现中国梦提供广泛力量支持［N］．人民日报，2015-05-21（01）．

② 习近平在看望参加政协会议的民建工商联委员时强调 毫不动摇坚持我国基本经济制度 推动各种所有制经济健康发展［EB/OL］．（2016-03-04）［2024-12-30］．https：//news.12371.cn/2016/03/04/ARTI1457099151617707.shtml．

③ 中国的民营企业为什么要加强党的建设［EB/OL］．（2019-10-15）［2024-12-30］．http：//dangjian.people.com.cn/n1/2019/1015/c117092-31401211.html．

续表

序号	重要论述内容
17	民营企业搞党建不是一种形式的、功利的想法,要真正拥护党的理念,做到心中有党。 ——摘自 2018 年 3 月 7 日习近平参加十三届全国人大一次会议广东代表团审议时的讲话①
18	改革开放四十年来,民营企业蓬勃发展,民营经济从小到大、由弱变强,在稳定增长、促进创新、增加就业、改善民生等方面发挥了重要作用,成为推动经济社会发展的重要力量。民营经济的历史贡献不可磨灭,民营经济的地位作用不容置疑,任何否定、弱化民营经济的言论和做法都是错误的。 ——摘自 2018 年 10 月 20 日习近平给广大民营企业家的回信②
19	民营经济是我国经济制度的内在要素,民营企业和民营企业家是我们自己人。非公有制经济要健康发展,前提是非公有制经济人士要健康成长。 ——摘自 2018 年 11 月 1 日习近平在民营企业座谈会上的讲话③
20	企业营销无国界,企业家有祖国。优秀企业家必须对国家、对民族怀有崇高使命感和强烈责任感,把企业发展同国家繁荣、民族兴盛、人民幸福紧密结合在一起,主动为国担当、为国分忧,正所谓"利于国者爱之,害于国者恶之"。 ——摘自 2020 年 7 月 21 日习近平在企业家座谈会上的讲话④
21	要加强企业党组织规范化建设,发挥党组织在服务企业决策、开拓市场、革新技术、提高效益等方面的作用,把党的政治优势、组织优势转化为企业发展优势。要注重在非公有制经济组织中发展党员,做好党员教育管理工作,引导他们发挥先锋模范作用。 ——摘自 2020 年 8 月 20 日习近平在扎实推进长三角一体化发展座谈会上的讲话⑤

① 夏凡. "企业的发展,离不开厚植'红色基因'" [EB/OL]. (2019-02-26) [2024-12-30]. http://politics.people.com.cn/n1/2019/0226/c1001-30903470.html.

② 习近平回信勉励广大民营企业家 [EB/OL]. (2018-10-21) [2024-12-30]. https://www.gov.cn/xinwen/2018-10/21/content_5333266.htm.

③ 习近平. 在民营企业座谈会上的讲话 [EB/OL]. (2018-11-01) [2024-12-30]. https://www.gov.cn/gongbao/content/2018/content_5341047.htm.

④ 习近平: 在企业家座谈会上的讲话 [EB/OL]. (2020-07-21) [2024-12-30]. https://www.gov.cn/xinwen/2020-07/21/content_5528791.htm.

⑤ 习近平谈治国理政(第四卷)[M]. 北京: 外文出版社, 2022: 190.

续表

序号	重要论述内容
22	要坚持"两个毫不动摇",把团结好、引导好民营经济人士作为一项重要任务。 ——摘自2020年9月习近平对新时代民营经济统战工作作出重要指示①
23	要优化政府管理和服务,全面推行权力清单、责任清单、负面清单制度,加快构建亲清政商关系。要进一步激发和弘扬企业家精神,依法保护企业家合法权益,依法保护产权和知识产权,激励企业家干事创业。 ——摘自2020年10月14日习近平在深圳经济特区建立40周年庆祝大会上的讲话②
24	民营企业要在企业内部积极构建和谐劳动关系,推动构建全体员工利益共同体,让企业发展成果更公平惠及全体员工。民营企业和民营企业家要筑牢依法合规经营底线,弘扬优秀企业家精神,做爱国敬业、守法经营、创业创新、回报社会的典范。要继承和弘扬中华民族传统美德,积极参与和兴办社会公益慈善事业,做到富而有责、富而有义、富而有爱。 ——摘自2023年3月6日习近平在看望参加政协会议的民建工商联界委员时的讲话③
25	党和国家对民营经济发展的基本方针政策,已经纳入中国特色社会主义制度体系,将一以贯之坚持和落实,不能变,也不会变。新时代新征程民营经济发展前景广阔、大有可为,广大民营企业和民营企业家大显身手正当其时。要统一思想、坚定信心,促进民营经济健康发展、高质量发展。 ——摘自2025年2月17日习近平在京出席民营企业座谈会的重要讲话④

---

① 习近平对新时代民营经济统战工作作出重要指示［EB/OL］.（2020 - 09 - 16）［2024 - 12 - 30］. https：//www.gov.cn/xinwen/2020 - 09/16/content_554403.htm.

② 习近平：在深圳经济特区建立40周年庆祝大会上的讲话［EB/OL］.（2020 - 10 - 14）［2024 - 12 - 30］. https：//www.gov.cn/xinwen/2020 - 10/14/content_5551299.htm.

③ 习近平在看望参加政协会议的民建工商联界委员时强调 正确引导民营经济健康发展高质量发展［EB/OL］.（2023 - 03 - 06）［2024 - 12 - 30］. http：//www.cppcc.gov.cn/zxww/2023/03/06/ARTI1678113483444185.shtml.

④ 习近平在民营企业座谈会上强调：民营经济发展前景广阔大有可为 民营企业和民营企业家大显身手正当其时［EB/OL］.（2025 - 02 - 17）［2025 - 02 - 28］. https：//www.gov.cn/yaowen/liebiao/202502/content_7004103.htm.

第一章

星星之火：浙江民营企业党支部的诞生与意义

社会主义的首要任务是发展生产力。[①]

改革开放以来，浙江从经济小省一跃成为位居全国前列的经济大省，一个重要原因就是多种所有制经济的共同发展，特别是民营经济的快速发展，在经济机制方面营造了先发性优势，增强了经济活力，促进了市场竞争，是中国特色社会主义基本经济制度的成功实践样本。民营经济已成为浙江的核心竞争力，成为经济社会发展的重要引擎，成为推进供给侧结构性改革、推动高质量发展、建设现代化经济体系的重要主体，成为"两个高水平"建设的重要力量。民营经济是浙江经济的最大特色和最大优势，是浙江发展的"金名片"。这些成就的取得，与党的正确领导是分不开的。长期以来，浙江非公企业非常重视党建工作，开创了许多个"第一次"，并持续深化党建工作，积累了宝贵的经验。

实践表明，党建是推进非公企业健康发展的"政治定力"，提高核心竞争力的"重要梯级"，是思想沟通的"红色渠道"。

---

① 邓小平文选（第三卷）[M]．北京：人民出版社．2001：224．

第一节 民营经济的快速发展

改革开放以来,在党的领导下,我国民营经济从小到大,从弱到强,民营企业资产规模和营业收入稳步提升,在促进经济增长、创造就业机会、推动技术创新等方面发挥着重要作用。在税收方面,2012~2021年,民营企业税收金额占比从48%提升至59.6%;在就业方面,2012~2022年,规上私营工业企业吸纳就业人数占比从32.1%提高至48.3%;在数量方面,2012~2022年,民营企业数量占比从79.4%增长到93.3%;在外贸方面,民营企业从2019年起成为第一大外贸主体,2022年民营企业进口规模占我国进出口总值的比重达50.9%。[1] 2022年民营企业500强的营业收入总额39.83万亿元,比上年增长3.94%;资产总额46.31万亿元,比上年增长11.21%。民营企业已经成为中国经济增长的重要贡献者。[2]

一、民营经济快速发展的时代背景

民营企业的快速发展是多种因素共同作用的结果。随着中国经济体制从计划经济向市场经济的转型,民营企业获得了前所未有的发展机遇。在改革开放初期,为了打破计划经济的僵化体制,政府开始允许和鼓励个体经济和民营企业的存在和发展。随着改革的深入,政府逐步放宽了对民营企业的管制,为其提供了更加广阔的发展空

---

[1] 周子勋. 提高民企国际竞争力 [EB/OL]. (2023-07-29)[2024-12-30]. https: baijiahao. baidu. com/s? id = 1772709846487000977&wfr = spider&for = pc.

[2] 张晓翀. 全国工商联:2022年民营企业500强营业收入增长3.94% [EB/OL]. (2023-09-12)[2024-12-30]. https: //www. bjnews. com. cn/detail/1694490292169982. html.

间。1992年邓小平南方谈话后,大批公职人员和知识分子"下海"创业,形成了中国民营企业发展的第一次浪潮。此时,政府出台了一系列鼓励民营经济发展的政策,如《中华人民共和国私营企业暂行条例》等,为民营企业的发展提供了法律保障。

全球经济一体化的趋势为中国民营企业走向国际市场提供了机会。一方面,市场经济体制的建立和完善为民营企业提供了更加公平的竞争环境;另一方面,随着国内市场的不断扩大和对外开放的步伐加快,民营企业获得了更多的商机。改革开放以来,政府对民营企业的政策经历了从限制到支持的演变。

中国深厚的社会文化底蕴为民营企业的发展提供了土壤。一方面,中国传统文化强调勤劳、节俭和创新,这些品质在民营企业家身上得到了充分体现;另一方面,随着社会的开放和人们思想观念的转变,解放思想、敢闯敢拼逐渐成为社会的共识,为民营企业的发展提供了良好的社会氛围。

当前,新一轮科技革命和产业变革正在全球范围内兴起,为中国民营企业提供了新的发展机遇。许多民营企业凭借敏锐的市场嗅觉和灵活的决策机制,紧跟科技发展趋势,在新技术领域取得了突破。人工智能、大数据、云计算等新兴技术也为民营企业的转型升级提供了动力。

中国民营企业在发展过程中也面临着诸多挑战。随着经济全球化的深入发展,民营企业不仅要面对国内外同行的竞争,还要应对各种贸易保护主义和贸易摩擦带来的不确定性。同时,随着劳动力成本上升、资源环境压力加大等问题的出现,部分民营企业面临着转型升级的压力。

尽管如此,中国民营企业的发展前景依然广阔。随着中国经济结构的调整和产业升级的推进,民营企业将有更多机会参与到高端制造业、新兴服务业等领域的竞争中。同时,"一带一路"倡议等国家大政方针的实施为民营企业拓展国际市场提供了更多机会。在政策、经济、社会文化和技术等多方面因素的推动下，中国民营企业在全面深化改革、扩大高水平对外开放的大潮中不断壮大。

二、浙江民营经济的率先发展

浙江，作为中国民营经济发祥地、股份合作经济发源地、市场经济先发地，① 在全国率先打破"唯成分论"，大胆放开个体、私营等非公经济发展，创造了中国民营经济史上诸多第一。

党的十一届三中全会后，浙江率先启动所有制改革，放手发展个体私营经济。温州工商行政管理部门在改革开放的方针指导下，采取了一系列扶持鼓励发展的措施，使个体经济得到迅速恢复和发展。温州1844位个体户营业执照的领取者，成为中国改革开放后第一批合法的个体户。② 1983年1月15日，温岭牧屿牧南工艺美术厂经工商注册成立，全国首家股份合作制企业正式诞生，这一本营业执照成为全国第一家有据可查、由工商行政管理部门批准的股份合作制企业营业执照。

1975年，浙江横店，农民出身的徐文荣靠公社2000元的借款领头创办缫丝厂，并先后涉足磁性器材、化工、制药等领域。1981年，徐文荣成立了东阳县横店轻纺总厂；1984年，横店工业公司成立；1987年，横店镇成为金华地区第一个亿元镇。③ 1993年2月13日，国务院经贸办下文批准成立横店集团，该集团成为国务院经贸办批准成立的全国首家乡镇企业集团。1996年，横店集团以帮助导演谢

---

① 柳文.浙江台州民营经济迈出新步伐［N］.经济日报.2023-4-16（06）.
② 中国共产党历史展览馆.改革开放后第一张个体工商业营业执照［EB/OL］.（2022-03-25）［2024-12-30］. https://dangjian.gmw.cn/2022-03/25/content_35613013.htm.
③ 胡文鹏.横店集团创始人徐文荣：追梦四十载 小镇换新颜［EB/OL］.（2018-08-13）［2024-12-30］. http://www.ce.cn/xwzx/gnsz/gdxw/201808/13/t20180813_30011701.shtml.

晋建造《鸦片战争》的拍摄场景为契机，拉开了影视文化产业发展的巨幕。横店原是浙江中部一个资源匮乏、交通不便的江边小镇，凭着敢想敢拼的精神，自改革开放以来，迎来了跨越式发展，如今已成为享誉全球的影视名城。

2004年5月27日，"中小企业板块信息披露平台"正式启用，首家中小企业板块上市公司浙江新和成股份有限公司发布首份公告，股票简称为新和成，股票代码为002001。目前，公司已成功跻身于中国精细化工百强、中国上市公司百强，正朝着全球领先的功能化学品企业目标迈进。

浙江民营企业一方面将经济发展从量的扩张向质的提高转变，另一方面提高自主创新能力，推动经济增长方式转变到依靠科技进步和提高劳动者素质的轨道上来。

浙江是最早实施标准化战略的省份之一，民营经济标准化是浙江全面实施标准化战略的最大特色。2015～2020年，浙江省累计研制"浙江制造"标准近1800项，民营企业主导制定占80%以上，实施比重达到90%以上；全国统一平台中，浙江省以民营企业为主体的公开企业数量全国第一、标准数量全国第二，有4.4万家浙江企业自我声明公开19.6万项标准；在全国"百千万"对标达标行动中，浙江省188个产业、9500多家民营企业参与对标达标，发布对标方案730多个，形成对标结果14000多项。①

民营企业是浙江科技创新的主力军。2024年，民营经济增加值预计占浙江省地区生产总值的比重为67.4%；年末在册经营主体1095万户，比上年末增长5.9%，其中民营企业和个体工商户分别有351万户和710万户，分别增长5.4%和6.1%；规模以上工业民营企

---

① 迟明霞. 标准化助推民营企业健康发展［EB/OL］.（2020-10-13）［2025-03-30］. https：//m.thepaper.cn/baijiahao_9542431.

业5.5万家，占规模以上工业企业的92.7%；2024年实现增加值16258亿元，占规模以上工业的72.4%；增加值比上年增长8.1%，增速比规模以上工业高0.6个百分点，对规模以上工业增加值增长的贡献率为79.4%。民营企业进出口42557亿元，占全省进出口的80.8%；增长8.3%，拉动全省进出口增长6.7个百分点。[①] 数万家规模以上民营企业设立了研发机构，助推企业转型升级和高质量发展。以吉利汽车为例，企业从汽车零部件起步凭借着较强的自主创新能力，积极抢占技术制高点，持续探索新能源、车载芯片、车联网、自动驾驶等硬核科技，前瞻布局低轨卫星、"空地一体化"等未来生态，紧紧抓住数字化、智能化发展大趋势，不断改造完善产业形态，成为行业领军企业。

2023年8月25日，浙江省人民政府印发《浙江省促进民营经济高质量发展若干措施》，推出5个方面共32条政策措施，以政策集成创新赋能浙江民营经济新飞跃。

在2023中国民营经济发展（台州）论坛上，中国经济信息社联合浙江省工商业联合会、中国建设银行浙江省分行，正式发布《中国民营经济（浙江）高质量发展指数报告（2022）》。指数报告显示，2021年中国民营经济（浙江）高质量发展指数达到145.27点，2016年以来的年均复合增长率达到7.75%。

总体来看，浙江省民营经济贡献呈现出"67789"的特点，即贡献了67%左右的GDP、73.4%的税收、75.5%的创新投入（全社会R&D人员投入）、87.5%的就业、96.7%的市场主体，[②] 相比全国民营经济"56789"的平均水平，浙江民营经济实现整体性跃升。浙江省的民营经济发展历程是浙江改革开放四十多年的辉煌写照与巨大

---

① 资料来自《2024年浙江省国民经济和社会发展统计公报》。
② 资料来自中国经济信息社研究编制的《中国民营经济（浙江）高质量发展指数报告（2022）》。

成就，民营经济成为浙江发展的"金名片"。

三、浙江发展民营经济的独特优势

20世纪80年代以来，浙江的民营经济比重逐年稳步提升，对全省经济的发展起着举足轻重的作用，是推动浙江全省工业乃至整体经济发展的主要力量。2024年，中国民营经济500强企业数量，浙江连续26年居全国第一。① 浙江全省的民营经济创造的增加值，占浙江生产总值的67%左右。② 浙江之所以能成为我国民营经济的"领头羊"，既得益于其独特的地理、文化、政策和人才优势，又离不开其不断创新和进取的精神。第一，浙江具有得天独厚的地理优势。浙江地处长三角地区，紧邻上海、江苏、安徽、福建等省份，为浙江的经济发展提供了良好的外部环境。浙江拥有漫长的海岸线和众多优良港口，为国际贸易提供了便利条件。第二，浙江具有深厚历史文化底蕴，这种底蕴为浙江的民营经济发展提供了肥沃的土壤。一方面，浙江的历史文化传统孕育了众多的商人和商业文化，这种文化和商业精神为浙江的民营经济提供了强大的动力；另一方面，浙江的历史文化也孕育了丰富的民间艺术和手工艺，这些艺术和手工艺也为浙江的民营经济提供了丰富的资源和产品。自古以来，浙江就以商业文化著称，诸如温州等地的商人在国内外都有着极高的知名度。这种商业文化的传承为浙江人民提供了天然的商业基因，使得他们在改革开放后能够迅速抓住机遇，发展壮大。第三，浙江人民敢于冒险、勇

---

① 新华社."中国民营企业500强"浙江入围企业数连续26年居全国首位［EB/OL］.(2024 – 10 – 23)［2025 – 03 – 30］. https：//baijiahao.baidu.com/s? id =1813709539620210241&wfr = spider&for = pc.

② 浙江经济信息中心. 多措并举推动"浙里"民间投资"再起跑"［EB/OL］.(2024 – 04 – 11)［2025 – 03 – 30］. https：//zjic.zj.gov.cn/zjjjzz/202403/202404/t20240411_22009522.shtml.

于创新的精神是其民营经济蓬勃发展的关键。在改革开放初期，浙江人民勇于走出家门，到全国各地甚至海外寻找商机。他们不畏艰难，敢于尝试，不断突破自我，从而在各个领域都取得了骄人的成绩。正是这种冒险和创新精神，使得浙江的民营经济在短时间内实现了跨越式的发展。浙江人民历来以勤劳、聪明、敢于创新著称，这种独特的文化基因，使得浙江在改革开放以来始终走在时代前列。在民营经济发展的大潮中，浙江人民不畏艰难，敢于突破，创造了许多引领行业的民营企业和品牌。第四，浙江各级政府一直都高度重视民营经济的发展，鼓励民营企业自主创新，为其提供全方位的支持和保障，从而进一步激发了企业的创新活力。在政策层面，几十年来，浙江各地政府出台了一系列有利于民营经济发展的政策措施，如减轻企业税负、降低融资门槛等。在服务层面，地方政府为民营企业提供了高效、便捷的服务，为企业的发展保驾护航。浙江始终坚持"民营经济兴则浙江兴"的理念，为民营经济的发展提供强有力的政策支持。

第二节　浙江民营企业党支部诞生

　　2002年12月23日，习近平在温州调研时曾说，温州作为国家和浙江省多项改革的"试验区"，是个敢于创新、善于创新的地方，是个能出经验、出好经验的地方。他还对温州提出一个希望，就是希望温州把这部创新史继续写下去，探索新的规律，创造新的业绩，总结新的经验，为浙江省带好头，也为全国作示范。[1]

　　截至2023年底，温州企业主体数量已突破140万户，民营企业占比达90%以上。综合百强中有民营企业77家，这77家民营企业，

---

[1] 叶小西. 把创新史继续写下去 [N]. 浙江日报, 2021-07-01 (19).

分别占了综合百强2023年度销售额、净利润、税收总额的84.35%、73.20%、76.48%，解决就业人数占91.29%。① 正是因为民营经济发达，温州这方敢于创新的沃土，才孕育出了中共瑞安市振中工程机械厂党支部②——全国首批成立的民营企业党支部之一。

一、浙江振中工程机械厂党支部成立历程

1987年9月5日，中共瑞安市城关镇党委批复同意建立"中共瑞安市振中工程机械厂党支部"，曹光夏同志任党支部书记，民营企业党支部的诞生，为浙江省非公有制企业党建探索实践之路奠定了基石。"振中的发展得益于改革开放的天时、温州民营经济发展的地利和党组织发挥作用的人和。"曹光夏总结道。振中党支部成立一事被评为温州市改革开放40年十大突破事件。③

（一）一颗种子

1978年12月18日，党的十一届三中全会作出改革开放的历史性决策，开启了社会主义现代化的伟大征程。改革的春风沐浴着温州这片蓄势待发的土地，曹氏兄妹乘风而上，租下位于瑞安飞云江南岸的良种场金工车间并成立振中机械的前身——瑞安县城关铆焊厂。第一台打桩机DZ30Y的诞生，帮助这家尚在探索中前进的少年企业找准了方向，从此开启了在桩工机械领域的新篇章，并正式更名为"瑞安市振中工程机械厂"（以下简称"振中"）。振中逐渐步入正轨

---

① 黄泽敏.2024温州市综合百强企业出炉［EB/OL］.（2024-11-21）［2025-03-30］.https：//www.wenzhou.gov.cn/art/2024/11/21/art_1217831_59259085.html.

② 本书关于浙江振中工程机械有限公司的所有资料均为本书课题组调研成果，且得到浙江振中工程机械有限公司授权发布。

③ 温州改革开放40年十大突破性事件［EB/OL］.（2018-11-09）［2024-12-30］.https：//news.66wz.com/system/2018/11/09/105126580.shtml.

后，一度由于用地跟不上迅速规模化生产的脚步致使发展受限，后在政府的支持下首次征得土地，实现厂房自有化，并开始了飞跃式发展的历程。这一支持为振中日后的党建工作埋下一颗希望的种子。

（二）生根发芽

1987年，振中的发展稳中有进，创始人曹光夏却迎来新难题：利益至上的企业氛围让这座刚发展起来的工厂不再生机勃勃，员工是流水的兵，利润才是铁打的情，股东只一味追求分钱，员工对企业的未来发展缺乏信心和动力。曹光夏意识到原来的发展模式是不可持续的，不是正确的发展道路。企业需要主心骨和凝聚力。种子开始萌芽，曹光夏反复思量后决定——建立党支部，将个人力量凝聚成集体力量，在党的方针与政策指引下，找准企业前进的方向。这一想法在当时的环境下实现起来并不顺遂。

"很多人质疑我，一个私营企业成立什么党支部，党组织能起什么作用？"曹光夏多年后回忆起当时的决定，仍然感慨万千。20世纪80年代中后期，温州早期私营经济尚未被完全定性，民营企业成立党支部是没有先例的。在这样的历史背景下，振中在接受温州市委组织部数月考察与调研后，在1987年9月5日得到了瑞安市城关镇党委的批复文件，升起了第一面非公企业党建的红旗，主动接受党的领导。在此后的30多年发展历程中，振中用实践证明了这一重要决策的正确性。

（三）探索生长

1988年，振中工程机械厂成立了瑞安市首家民营企业工会，在党建红色引擎的牵引下，创新开展与同济大学的校企合作，与建设部北京建筑机械综合研究所（中国建筑科学研究院前身）成立联营厂。通过加强党组织建设，振中的发展有了坚实的保障。第一，振中得以在第一时间学习领会中央传递的政策信息，时刻保持政治方向正确；第二，振中在党支部书记的带领下形成了高度向心力，为产品销售提供信誉背书；第三，党支部的发展与党员人数的上升为企业员工与股东树立了极大的信心。1987~1989年，"信息""信誉""信心"令振中的产值从几万元上升至七百万元，跻身瑞安市前十强企业，实现第一阶段的探索与跨越。

1995年，振中凭借技术实力拓宽了业务领域，产品获得日本市场的认可。日本建调株式会社开始关注振中，并主动提出合作意向。日本企业对于合作伙伴的高标准和严要求众所周知，振中能否接住这一橄榄枝？这一议题当时在企业内部引起激烈讨论与质疑。在"舒适区"与"挑战区"的抉择中，党组织再次发挥智囊团的作用，在党支部召开会议讨论后，振中坚定地迈出开拓海外市场的第一步。从此，振中与日本建调株式会社建立了长期出口的业务关系，不断推进紧密合作，成为当时唯一一家出口振动锤到发达国家的国内企业，企业的技术水平、制造能力与管理水平大大提升，在国际桩工机械领域崭露头角，振中支部也由此进入大力发展的第二阶段。

（四）崭露头角

党的十五大报告第一次明确提出"公有制为主体，多种所有制经济共同发展，是我国社会主义初级阶段的一项基本经济制度"。非公经济的性质得到明确，温州市委大胆开展探索，相继出台了一系列加强非公企业党建工作的政策文件，振中党支部积极响应落实，党建工作科学化水平不断提升。2000年时任浙江省委常委、温州市委书记蒋巨峰亲临公司指导党建工作。2003年，企业在"非典"时期面临停工、封锁时，振中十多位党员在各个岗位上发挥重要作用，协助企业渡过难关。

（五）渐入佳境

党的十六大以后，民营企业党支部目标与任务不明确成为新的挑战。"民营企业党支部究竟该听谁的？"是当时基层党建面临的主要困惑，事实上，非公企业党组织需要在政府、企业股东、员工三方寻找合适的落脚点与平衡点。为解决这一问题，温州市委对非公企业党建提出了拓面提质的新要求，将"活力和谐企业"作为建设载体。振中快速响应，找准定位，在党支部书记的带领下，以"活力和谐企业"建设为总目标、总任务和总载体，在温州市率先推出"快餐党课"，帮助员工解决各种难题。振中也因此被列为温州市党建工作重点企业，入选全省改革开放三十年典型事例。这一发展阶段，振中党支部在各级党委的正确领导下，工作水平得到全面提升。

（六）传承创新

2011年，振中迎来新时代与新的接班人。振中的接班人曹高峻拥有多年海外求学背景，振中的传承不仅是企业与业务，还包含了红色基因与血脉。在上级党组织的培养和指导下，振中坚持问题导向和需求导向，大力开展"青春融合党建"品牌建设，通过开展"合和共同体""红色动力工程""亿元党建示范点"等建设，吸引了大批优秀青年骨干向组织靠拢。这让曹高峻深刻感受到党支部的实质作用："把优秀的年轻人吸引到支部来，增加了支部的活力，同时通过岗位的锻炼，年轻人快速成长，企业发展有了队伍的保障。党支部在振中的传承创新上发挥的作用是非常大的。"

二、红色动力铸就振中百年桩工精品

成立基层党组织以来，振中以"双强先锋"为主要目标，以党的政治建设为统领、以提升组织力为重点，深入实施红色堡垒强政治行动、巩固提升强基础行动、开展头雁培育效能行动等三大行动，充分发挥党组织的战斗堡垒作用和党员的先锋模范作用，着力推动党组织工作高质量发展，不断抓实擦亮振中党建品牌，为铸就百年桩工精品企业提供坚强组织保证。

（一）红色引擎强政治

抓好大学习、大教育、大培训，积极推进党建与企业文化的融合。公司党支部深入贯彻"两新"党组织"第一议题"制度，在每年开春后召开"新春第一课"暨理论学习扩大联合会议，引导党员职工及骨干以党章为镜，系统学、全面学、对标学，让党组织参与企业经营战略与年度计划，达成共同目标，形成思想统一。

振中把基层党组织打造成为优秀人才培养的重要平台，落实"两培养两优先"制度与"三联三会"制度，引进党员人才，重用党员人才，培育党员人才，输送党员人才，选派党员骨干担任车间骨干，成立车间党小组，把握员工思想动态，并承担发展党员的任务。

（二）红色凝聚强组织

振中紧密结合企业功能与岗位职责，建立"两单一评"机制（任务清单、问题清单、绩效评价机制）、"党建需求库"长效服务机制，以"党小组建在车间，党员在您身边"活动为抓手，推动"红色细胞工程""三亮三比三满意"等特色活动下沉至生产一线，激励党小组立足岗位攻坚克难、主动担当。振中还通过年度民生实事清单动态收集职工需求，由支部牵头认领、党员带头落实，形成"需求—认领—实施—反馈"闭环。2023年累计完成职工食堂改造、技能提升培训等55项民生项目，切实将支部建设成效转化为职工幸福感的提升，实现党建与发展的深度融合。

（三）红色助推强发展

企业经营上，党支部与企业管理层双向进入、交叉任职，支部参与公司重大事项经营决策，把握船头方向。近年来，振中党支部参与的30多项发展建议中被采纳的超过20项，产生直接经济效益超过千万元。员工管理上，振中通过评选党员示范班组与党员示范岗，发挥党员带头作用。2022年春节前夕，振中收到中标通知书，要求企业半个月内交付9台大型打桩机，支持在海岛上兴建的国家大宗物资中转基地项目，经振中党支部同意，临时党小组很快正式发文，由6名党员组成的临时党小组成立，党员们克难攻坚完成重大使命任务，让党旗高高飘扬在岛上。企业服务上，以党建建立沟通桥梁，引入外部力量纾困解难。通过"党建+法治"、税企结对共建、银企"红色互动"等融合党建模式，振中在一次次挑战与压力中获得外部协助与支持，寻得破局之路。2011年，中国共产党成立90周年之际，作为全国首批成立党支部的非公企业代表，振中被中央电视台报道。"现在回过头来看，建立党组织很正确。没有支部引领，我们这个企业不可能有今天这样的规模。振中发展到今天，离不开党组织的强大。"曹光夏说。

自成立党组织以来，振中已发展成为一家专业从事桩工装备设计研发、制造和销售的国家级高新技术企业，是中国桩工机械行业协会常务副理事长单位、中国工程机械行业协会理事单位，也是全国桩工行业中生产振动打桩机规格最多、品种最齐、功能最强的骨干企业。振中拥有自己的省级新型振动锤研发中心，业内多位知名专家受聘于该研发中心；也是全国最早一家生产振动桩锤并出口到日本等发达国家的桩工机械骨干企业之一。振中还主导起草了产品国家标准和"浙江制造"标准。振中机械的销售和服务网络已覆盖全国，成为中铁、中交、中建、中水、中核等大型基础建设施工单位的重要合作伙伴，同时在印度尼西亚设立办事处，在菲律宾、马来西亚、伊朗和沙特等地建立了代理合作商，拓宽海外市场。公司获得多个荣誉称号，包括中国工程机械专业化制造商50强企业、浙江省科技型中小企业、温州专利技术示范企业、温州市劳动关系和谐企业、瑞安市高成长企业等。

第三节　非公企业党建激越瓯江潮

温州是片创新的沃土，改革开放以来，非公有制经济的"温州模式"令国人瞩目，非公企业党建的"温州做法"同样闻名遐迩。温州非公企业党建在探索实践中提高，在解放思想中推进，在改革创新中实现突破，走出了一条既富有时代特征又具有区域特色的新路子。2011年2月18日，习近平对温州非公企业党建工作作出重要批示，提出要进一步深化非公企业党建工作，扎实推进，务求实效，非公企业党组织要能够发挥实质作用，防止成为"花架子"；并指出，温州在这方面的探索时间较长，积累了一定经验，对其成功做法可以总结和借鉴推广。[①]

一、坚持加强政治引领

非公企业党组织是党在非公企业中的战斗堡垒，在企业发展中发挥政治引领作用。温州市坚持把政治引领贯穿于民营企业发展的全过程，把党的领导作为企业发展的突破口和切入点，深入推进习近平新时代中国特色社会主义思想进企业，实现党组织班子成员和管

[①] 十年磨一剑 再攀新高峰［N］．温州日报，2021-02-19（06）．

理层"双向进入、交叉任职",发挥非公企业党组织在企业职工群众中的政治核心作用、在企业发展中的政治引领作用,进一步凸显民营企业家永远跟党走的鲜明底色。实践证明,党建强、发展强是辩证统一的。

(一)层层落实领导格局

历届温州市委高度重视党建工作,建立了完善的制度体系,为非公企业的党建发展提供了良好的环境。各级党委将非公企业党建纳入基层党建规划,并将其列为重要议题,定期了解情况,持续进行分析研究,并提供具体指导。市、县两级成立领导小组和社会工作委员会,专门负责指导非公企业党建工作。市委非公企业党建工作领导小组负责协调和研究工作,明确县委的主要责任,乡镇党委和相关行业党组织负责具体执行,确保党委主要领导亲自抓、负总责,分管领导具体抓、负专责,其他领导根据分工协助抓,形成了层层抓落实的领导格局。

为加速党建工作成效的考核,将非公企业党建视为巩固党的执政基础的政治任务。温州市委建立了"两新"组织党建工作联席会制度,统筹整合资源,及时协调解决重要问题。温州市委"两新"工委专门负责非公企业党建工作,并在市、县、乡三级实现全覆盖,推动实体化运作,形成了"三级联动、条块结合"的管理格局和统一的领导体系。在考核方面,温州市实行"两纳入一约谈"制度,将非公企业党建工作纳入基层党建述职评议考核内容,纳入领导班子和领导干部考核内容,对党建工作考核排名末位的乡镇(街道),由市委组织部分管领导约谈党委书记,强化责任落实。

(二)持续强化共识教育

在温州,企业家们积极推动开展共识教育,通过主动在企业内部建立党组织，树立中国特色社会主义核心价值观，在企业内部形成为现代化建设和中华民族伟大复兴而奋斗的思想价值共识、政治制度共识、奋斗目标共识。通过开展共识教育，让企业跟着党走，确保企业沿着正确方向发展，传承红色思想。温州市委以"双传承"计划教育引导新生代企业家，引导他们践行党的指引。随着温州非公企业进入新老交替的高峰期和转型升级的关键期，政治传承、事业传承"双传承"计划得到系统实施。温州连续多年开展新生代企业家"红色接力"系列活动，先后组织 100 多批、5770 名新生代企业家走进红色教育基地、改革开放前沿地区，引导他们坚定不移听党话跟党走，深化对党的理解。

非公企业党组织在推进共识教育过程中开展调查研究工作，通过党支部收集职工群众的合理化建议，积极为企业发展建言献策，将职工群众的合理建议纳入企业决策管理中，发挥好企业和职工之间的桥梁纽带作用，使党建工作与企业目标同向同步，确保党组织和党员形象良好，体现出显著的工作效果。

共识教育不是一时的活动，而是一种持续的引导和教育过程。通过这种教育，企业家们能够更好地理解党的方针政策，将之贯彻到企业管理中。这种共识有助于企业形成稳定的发展战略，提升企业的社会责任感和公民意识。持续强化共识教育将有助于企业在市场竞争中取得更好的位置，为员工和社会创造更多价值。

（三）积极营造社会氛围

温州充分利用新闻媒体的力量，通过报纸、书籍、短视频等多种媒介，广泛宣传非公企业党建的目标、理念、意义和重要性，以深入人心。积极挖掘和宣扬非公企业党建的成功典范，推崇那些积极支持企业党建工作的企业管理者，助力营造良好的党建氛围。建立党建品牌案例，强调成果应用，总结推广成功经验和最佳实践，树立楷模，进一步提升党建的影响力、示范效应和辐射力。举办各类活动如红旗飘飘月、集中授牌日等，组织企业书记先进事迹报告团、企业主报告团等进行宣讲，发挥先进典型的示范和辐射作用。

积极协助企业引入先进理念，提炼符合时代特征、体现企业特色，并得到职工群众认同的企业精神、经营理念、经营目标、价值观念和行为准则等，全力打造融合传统与现代气息的先进企业文化。将党建工作与企业文化建设相结合，打造先进的企业核心价值理念和品牌形象，提升企业的社会影响力，树立良好企业形象。加强对企业主的思想引导，实施"两思""三个结合"等主题教育，为党组织发挥作用创造良好条件。特别是自"活力和谐企业"创建以来，加大宣传力度，设立温州党建网站，开设理论研究、经验交流、企业风采等多个栏目，增强党建声势，营造工作氛围。温州组工公众号设置了亲清学堂、循迹溯源、本地期刊等服务模块，提升了党建传播力和影响力。形成党委高度重视、职工群众积极参与、企业主理解配合支持的社会氛围。

二、选好配强人才队伍

党的二十大报告强调，"加强新经济组织、新社会组织、新就业群体党的建设"。温州市树立党务工作者也是人才的理念，以实施"党务人才工程"为载体，改进党务人才选配方式，搭建培训交流平台，选好配强非公企业党务人才队伍。

（一）多途径提高党务人才整体素质

温州市把握关键环节，严格选配标准，拓宽选配渠道，采取内选、外聘、选派等途径，切实提高了非公企业党务人才的整体素质。2008年开始，温州逐步推进非公企业党务人才职业化。党组织书记原则上兼职，企业中一时没有合适书记人选的，由政府搭台、市场配置、企业聘用。企业提出需求，组织部门统一牵头组织招聘会，由聘用单位和非公企业党务人才进行双向选择。例如2008年3月，温州推行"红领"计划，从报名的700名党员大学生中择优选取50名，进行10天的业务培训和两个月的企业实习，推荐到非公企业中，很受企业欢迎。[1] 近年来，温州创新设立"双强红领"认证体系，着力锻造"党性强、业务强"的"双强"专家型"两新"党组织书记队伍。2021年，首批1~5级"双强红领"考核评定工作全面完成，全市非公企业党组织迎来3000多名"双强红领"持证上岗，[2] 为非公企业党建工作注入新鲜血液。

（二）强化企业党务人才的培训教育

温州组织非公企业党组织书记到中央党校、省委党校和北大、清华、复旦、浙大等著名高校培训，使他们开拓视野，增长见识，进一步提高了他们的知识、能力和素质。

成立于2011年1月18日的温州市非公有制经济组织和社会组织党务工作者协会，是全国首家在地市级范围内成立的两新组织党务工作者协会，是党务人才的聚集地。协会吸纳各县（市、区）政治素质过硬、理论功底扎实、宣讲经验丰富的优秀"两新"党组织书记等加入，并特聘了一批理论水平高、专业素养突出、有丰富实践经验的专家学者担任特聘讲师。理论研究和讲师团旨在弘扬时代主旋律，开展"两新"党建课题研究，定期举办各种主题的讲座、论坛和沙龙活动，并开展点单式上门宣讲，实现人才培养、宣讲的双向互动。

---

[1] 民企"红领"为何受青睐［EB/OL］.（2008－04－02）［2024－12－30］. https：//www.wzdj.gov.cn/system/2008/04/02/100525025.shtml.

[2] 缪际眹，叶凝碧. 十年磨一剑 再攀新高峰［N］. 温州日报，2021－02－19（06）.

（三）维护提高党组织书记合法地位

温州"双强红领"认证体系充分发挥考核的指挥棒作用，激励"两新"党组织书记当好"红色头雁"。在实践中，温州对"两新"党组织书记按1~5级进行考核评定，从提升政治地位、提高经济待遇、享受人才政策、关注成长进步等4个方面，按级落实红领津贴、人才政策等10项激励保障待遇，并实行动态管理，推行持证上岗。符合条件的优秀"双强红领"，可纳入机关、事业单位、国有企业领导干部选拔视野。温州规定，非公企业解聘党组织书记必须符合劳动法，并征得上级党组织同意，切实维护党组织书记在非公企业中的合法权益。

（四）发展提升一线党员数量和质量

在非公企业的发展过程中，党员队伍的壮大和优化结构是至关重要的。只有不断培养和吸纳优秀的党员，才能更好地推动企业和社会的发展。温州建立"两培养两推荐"机制，有计划、有重点地吸收"高知""高管""高技能""高贡献"等"四高"群体入党，使生产技术骨干、中层以上管理人员中的党员比例稳步上升。仅2021年，就有1500多名企业出资人、管理层人员、专业技术骨干等入党，占当年非公企业发展党员总数的70.3%。民营企业以"坚持标准、保证质量、改善结构、慎重发展"十六字方针发展党员，特别注重吸纳生产经营、科技骨干和一线优秀工人，还探索开放外地职工入党的政策。为了更好地管理党员资源，同时实施联网化管理，温州在开发区等地建立了10个储备几百名的非公企业党务人才库，通过联网管理，实现了党务人才的动态管理和调配。这种举措不仅有助于企业更好地选拔和培养党务人才，也为党的建设提供了更为有效的支持。

（五）抓好党员的教育与管理相结合

温州把开展学理论、学党章活动与"致富思源、富而思进"教育活动结合起来，围绕企业生产经营，组织党员开展"一名党员一面旗""党员示范岗""党员责任区"等活动，不仅可以提升党员的思想政治素质，还能够推动企业的发展和壮大。建立健全"三会一课"、民主评议党员、党员联系职工等制度，将党员的教育融入企业的管理之中，为企业的可持续发展提供坚强的组织保障。为有效落实民营企业党的骨干进入核心岗位，温州建立了"双向进入、交叉任职"制度，促进党组织领导班子成员进入企业董事会、经理层和监事会，鼓励党员主要出资人担任党组织书记，实现"一肩挑"。截至2023年9月，温州全市进入非公企业中高层的党组织书记占84%；上市企业决策层中党员平均比例高达51%，[1]形成了党员即骨干，骨干即党员的良好局面。这些党员不仅在企业中发挥着表率作用，还积极践行"富而思进"的理念，引领员工向着更高的目标努力奋斗。

温州将考评积分作为干部管理教育、队伍优化、评先定优的重要依据，党务干部积分结果与干部平时考核、年度考核有机融合，实现评先评优、职级晋升、选拔使用、考绩奖金等"四个挂钩"。一方面，对积分考核优异的党务干部，可优先参评党内外各类表彰奖励，为日后发现、选用干部提供参考。另一方面，将考核积分较低的"黄牌干部"作为召回对象，通过集中教育、一线锻炼、导师帮带等措施进行"回炉锻造"，对连续两年考核积分较低的不胜任"红牌干部"进行诫勉谈话，不再享有职级晋升优先条件，并视情予以免职、调岗等组织处理，以反向约束倒逼党务干部踏实干事。

---

[1] 徐曼丽，郑雨璐．温州：实施"红色动力"工程 全面推进非公企业党建"跃迁升级"[J]．非公企业党建，2023（9）：70-71．

这种结合学习和实践、奖惩并重的管理模式，有助于激发党员的积极性和责任感，促进企业内部的团结和发展。通过不断加强党建工作，将党员教育与企业管理有机结合，不仅可以提高党员队伍的素质和凝聚力，还能为企业的可持续发展提供有力支持。

三、着力推动党群共建

党群融合协调发展，强化党组织领导群团组织的功能，充分发挥党建对工会、共青团建设的示范引领作用，实行企业党工团一体化，以党建带工团建，以工团建来推进党建工作的深入，形成非公企业大党建格局。

（一）思想上引领

早在 1995 年 6 月 23 日《中共温州市委办公室批转〈关于加强党团共建工作若干意见的报告〉的通知》中就指出要"坚持通盘考虑，同步加强群团组织建设"，使党委领导牢固树立一盘棋思想。为了贯彻这一精神，温州市通过开展主题教育，深入系统学习习近平新时代中国特色社会主义思想，深入学习新时代党的建设新部署和新要求，深刻领会习近平总书记在中央和国家机关党的建设工作会议上的重要讲话精神。温州市不断提高非公企业党建的政治站位，秉持"抓好党建是最大政绩"的理念，将党建工作置于重要位置，为推动全市非公企业党建工作向更高质量、更高水平发展提供坚实保障。在党建工作中，温州市注重全面推进群团组织建设，确保各级党组织的凝聚力和战斗力。

（二）组织上带领

温州积极探索非公企业党组织作用发挥的途径和方式方法，力促非公企业党组织在"推动发展、服务群众、凝聚人心、促进和谐"方面发挥充分作用。不断健全党工团组织，采取非公企业党组织书记兼任工会主席，符合条件的党员团组织书记进入党组织领导班子的做法，促进党建带工团建设。做到书记亲自抓，分管领导具体抓，一级抓一级、层层抓落实，做到情况清晰、措施完善、责任明确。以健全组织网络为重点，抓好群团组织组建工作，做到哪里有群众，哪里就有群团组织和群团工作。抓好群团组织领导班子和干部队伍建设，突出政治标准，坚持德才兼备、以德为先，把政治上靠得住、发展上有本事、人民群众信得过的优秀干部，选拔充实到各级党组织、工青妇组织领导班子中，保持领导班子合理的专业知识结构和年龄梯次结构。

（三）工作上协同

温州市将非公企业工会组织和共青团组织的建设纳入非公企业党建整体规划中，体现了对非公企业群团组织建设的重视和支持。该举措强调党建引领工团建设，确保各项工作同步有序推进，共同制定计划并实施，同时进行联合监督和考核。建立了工作责任制，要求各级党组织结合当地和单位实际情况，将群团建设纳入重要议事日程中。加强对群建工作的研究，提出指导性意见，协助解决工作中的难题，切实加强对群建工作的指导和支持。这一举措有助于加强非公企业群团组织建设，促进其健康发展。通过党建引领，工团建设和群团建设得以有机结合，形成合力，为非公企业的发展提供有力支持。这种综合规划和协同推进的做法，有助于提升非公企业群团组织的凝聚力和影响力，推动非公企业的可持续发展。

（四）机制上推进

建立激励表彰机制是提升企业党组织建设水平的重要举措。为此，温州市将非公企业工会、共青团建设纳入先进企业党组织评选的条件之一。只有工会、共青团工作达标的企业才有资格被评为先进企业党组织，这激励了更多企业积极开展工会、共青团工作，推动企业党建工作向更高水平发展。同时，完善目标考核制度。将党建带群建工作纳入基层党建的整体目标，确保党建与群建工作同步部署、同步落实、同步检查、同步考核。将这项工作与年度工作目标考核、创建优秀基层党组织工作、推优评先等结合起来，有助于促进企业工作的健康发展，提升企业内部组织的凝聚力和执行力。通过这些措施的落实，可以有效推动企业党组织建设的深入发展，促进企业内部各项工作的有序开展，为企业的可持续发展奠定坚实基础。

四、探索推动"防瘫"机制

为防止出现"边建边散""边建边瘫"等党组织软弱涣散现象，温州市规范非公企业党建工作，多管齐下，不断推新各种主题活动，建立健全非公企业党组织"防瘫"机制，持续巩固提升非公有制经济组织的有效覆盖质量。

（一）加强非公企业党建理论研究

温州各级党委非常注重理论研究，为非公企业党建提供理论指导。早在2002年，温州经济技术开发区就专门成立了非公企业党建研究会，创办《开发区党建》，研究探讨非公企业党建遇到的新情况、新问题，为开发区党建的宣传、交流和研究开辟了新园地。

根据形势和"两新"组织需求，研究会建立"两新"组织党建讲师团宣讲题目库，开展点单式上门宣讲服务。定期举办时事政治、经济以及"两新"组织党建理论和实践的大型讲座，以及各种主题的论坛和沙龙活动，提高全体会员的整体素质和工作能力，进一步提升温州"两新"组织党建工作的广度、深度以及工作质量和水平,更好地服务温州经济社会发展大局。

(二)不断推出各式主题活动

历年来,温州紧紧围绕"发挥党建实质作用"这一主旋律,针对非公企业党建的各种主题活动不断推陈出新,探索创新,有效提升非公有制经济组织的发展质量(见表1.1)。

表1.1 温州非公企业党建主要活动一览(2002~2023年)

时间	主要活动
2002年	发出"有作为才能有地位,有贡献必定有威信"的口号,提出开展"班子建设好、党员形象好、作用发挥好、制度落实好"的"四好"创建活动
2000~2003年	提出在党员中开展争先创优、党员先锋岗等活动,在员工中开展凝聚力工程和"四有"员工队伍建设活动,在经营管理者中开展"两思"(致富思源、富而思进)、"三个结合"(引导非公经济把自身企业发展与国家发展结合起来,把个人富裕与全体人民富裕结合起来,把遵循市场法则与发扬社会主义道德结合起来)主题教育
2005年	提出开展"光彩事业在我心中"主题活动
2005~2006年	开展"保持共产党员先进性教育"活动
2008年	提出开展"五建五促"活动,即建设创新型企业,促进企业自主创新;建设温馨型企业,促进企业关爱职工;建设平安型企业,促进企业安全生产;建设责任型企业,促进企业反哺社会;建设生态型企业,促进企业节能减排;推动科学发展观在非公企业的贯彻落实。提出开展党建"块状典型"(典型企业集中在一块,在数量上成规模,在地域上是邻居,在党建上有特色,在发展上能合作)创建,实现非公企业党建的新发展;开展"与企业同呼吸、为党旗添新彩"主题活动,帮助企业渡过难关,推进企业平衡较快发展

续表

时间	主要活动
2010年	尝试开发非公企业"红色景点",利用非公企业党建的特色资源开拓温州的"红色旅游",同年7月,温州在康奈集团总部设立"非公企业党建考察旅游点",这不但是温州非公企业的首个党建考察旅游点,也成了全国首创。历年来,温州不断改革创新非公企业党建的理念、方式和手段,扎实推进了党的建设新的伟大工程
2011年	市委组织部、市委"两新"工委组织开展以"学党史、感党恩、跟党走、谋发展"为主题的温州民营企业家"红色接力"活动
2014年	以"双强争先"活动为主题,激发非公企业党组织创先争优动力,争当"党建强、发展强"企业
2016年	市委开展"红色动力工程"建设,围绕"提升引领力、增强凝聚力、强化助推力",进一步发挥非公企业党组织实质作用
2018年	市委组织部、市委"两新"工委实施百园万企党建示范引领工程,开展小微企业园"六个一"建设,全力推动小微企业园党建"整园建强"
2021年	市委部署开展践行习近平"发挥实质作用"重要批示十周年系列活动
2023年	出台《瓯江红"共富工坊"建设工作规范》,明确6种类型"共富工坊"建设标准、评定程序、形象标识等,确保各牵头单位、各地推进工坊建设有章可循、有据可依。开展瓯江红"共富工坊"考评验收,市县两级评出星级瓯江红"共富工坊"387家,其中三星级64家

注：根据历年温州非公企业党建相关新闻报道整理而成。

（三）凝聚团结职工群众工程

为了进一步加强企业的防瘫机制，温州非公企业充分发挥党员、党组织优势，增强企业发展动力。一是开展"双强先锋"计划助企转型升级。建立"民生实事清单"制度，在非公企业中全面推行党员先锋岗、党员创新攻关队等做法，广泛开展金点子征集、"党员+项目"等活动，做到关键任务有党员引领、关键工序有党员盯守、关键时刻有党员冲锋。截至2023年9月，温州全市民营企业党组织共设立4313个党员先锋岗、选出4575名"车间政委"、开通2293条"书记热线"。① 二是通过"支部建在车间、党员在您身边"活动促企和谐稳定。以企业车间为单位单独或联合建立党支部，开展以党员"亮身份、亮承诺""联系职工、联系困难户"为主要内容的"双亮双联"工作。截至2023年9月，全市建立车间党支部5545个，11490名党员联系职工30660名、困难户4896名，年均帮助调处纠纷3280件。② 三是创新"红色直通"制度。由企业党组织牵头，及时把企业的"急难愁盼"问题特别是行业共性问题"直通"至各级"两新"工委和工委成员单位，推动发展难题妥善解决。由县级"两新"工委牵头，及时将中央和省市委关于经济发展和党建工作的政策文件"直通"至各民营企业党组织，推动稳企惠企强企相关政策尽快落实落地。2022年11月至2024年12月，温州全市累计收集交办1285个涉企难题，办结率93.6%，获得企业广泛好评。③ 四是建立"产业链党建联建"机制。通过选派党员领导干部担任"链长"，建立多部门骨干组成的链长办公室，常态化开展"九共"服务（政策共研、生产共复、订单共商、资源共济、职工共享、原料共购、资金共融、市场共拓、防控共抓）等举措，全力助推链上企业产销联动、协同发展。截至2024年10月，全市共成立产业链党建联建机制124个、覆盖企业1.6万家。④

---

①② 徐曼丽，郑雨璐. 温州：实施"红色动力"工程，全面推进非公企业党建"跃迁升级"[J]. 非公有制企业党建，2023（9）：70-73.
③ 温州"两个健康"直通车今年将向特定群体广开言路[EB/OL]. （2025-02-18）[2025-03-18]. https://www.wenzhou.gov.cn/art/2025/2/18/art_1217832_59262738.html.
④ 赵雪. 温州：以"党建强"赋能行业"发展强"[N]. 中国社区报，2024-10-18（04）.

第二章

时代呼唤：非公企业党建的发展模式与历程

改革开放以来，我国社会主义市场经济体制逐步确立。从将非公有制经济视为"资本主义的尾巴"到肯定为"社会主义市场经济的重要组成部分"，从"私营企业主是否能入党"的争论到明确"民营企业和民营企业家是我们自己人"，每一次认识的突破都源于社会主义初级阶段发展的客观实际和迫切要求。

改革开放以来非公有制经济的迅猛发展，为我们探索创新非公企业党建工作，提供了有力的实践基础、经验依据和检验标准。这是一个实践催生理论、理论指导实践、理论和实践紧密结合的互动推进的过程。

第一节 非公企业党建的主体定位

改革开放以来,党领导人民发展社会主义市场经济,始终坚持两个"毫不动摇",非公有制经济沐浴着党的政策光辉不断发展壮大,成为社会主义市场经济的重要组成部分。近年来,随着非公经济的迅速发展,非公企业党建工作也取得了显著成效,在推动经济发展、增加就业、促进创新等方面发挥了重要作用。

一、非公企业党建的目标任务

非公企业党建是在非公有制经济单位中建立和发展党组织,开展党的基层组织建设和党员教育管理工作,加强党的领导,推动企业改革发展的一系列活动。非公企业党建的目标是通过强化党的领导,促进企业的健康发展,提高员工的思想觉悟和素质,保障企业的稳定和持续发展。

非公有制企业党的建设是党的基层组织建设的重要组成部分。非公有制企业党建的工作主要是以非公企业党委为核心,以非公有制企业党支部为基础,以企业全体党员为主体,由企业各类基层党组织共同参与的带有行业特点的基层党建工作。非公有制经济组织中的党的基层组织,要贯彻党的方针政策,引导和监督企业遵守国家的法律法规,领导工会、共青团等群众组织,团结凝聚职工群众,维护各方的合法权益,促进企业健康发展。

非公有制企业党建的主要任务体现在两个方面。一是扩大"两个覆盖"。按照单位组建、区域建、行业建、产业建、网络建、功能建等多种形式把党组织建起来,努力把非公有制企业中的每个党员都纳入党组织教育管理之中;对于确实没有建立党组织条件的企业,要实现党的工作全覆盖。二是建设"两支队伍"。在加强党员队伍建设的同时加强党组织书记、专兼职党务工作干部、党建工作指导员等党务干部队伍建设。

二、非公企业党建的功能定位

党的领导是中国特色社会主义制度的最大优势和本质特征,在党的领导下,非公企业党建经历了从无到有、从小到大、从弱到强的过程。改革开放初期,非公企业数量较少,规模较小,党建工作相对滞后。随着改革开放的深入推进和非公经济的蓬勃发展,非公企业党建工作逐渐得到重视和加强。

2012年3月,中共中央办公厅发布《关于加强和改进非公有制企业党的建设工作的意见(试行)》,明确了非公企业党组织的"两个作用",即:非公有制企业党组织是党在企业中的战斗堡垒,在企业职工群众中发挥政治核心作用,在企业发展中发挥政治引领作用。同年11月,党的十八大修改通过的《中国共产党章程》中明确,"非公有制经济组织中党的基层组织,贯彻党的方针政策,引导和监督企业遵守国家的法律法规,领导工会、共青团等群众组织,团结凝聚职工群众,维护各方的合法权益,促进企业健康发展。"

在学界,围绕有关非公企业党建功能定位展开的讨论较为激烈,按照其侧重点的不同形成几种代表性观点,主要包括"监督管理说""维护权益说""企业员工政治核心说""企业政治核心说"等。[①]

(1)监督管理说。监督管理说的观点立足于非公企业组织在党

---

① 贾鹏飞. 论非公企业党建的四个基本问题[J]. 中共福建省委党校学报, 2018(7): 48–54.

的方针路线指引下，产生外部监督作用，从而促进企业履行社会责任的内在驱动力。这一观点以促进非公企业的健康有序发展为出发点，有其合理性，但却忽视了党组织对企业员工的价值所在，也忽视了非公企业产权的私有性决定的企业主对党组织工作的决定权，没有必要的权力支撑，监督也就无法落实。

（2）维护权益说。持维护权益说的学者认为，党组织应积极反映企业（包括企业主和员工）的利益诉求，拓宽表达渠道，维护企业和员工的合法权益。这种观点是将党组织视为协调国家利益与非公企业利益的平衡器，对于党组织在非公企业中的生长发展有利，但却难以凸显其政治属性与政治功能。

（3）企业员工政治核心说。持"企业员工政治核心说"的学者认为，党组织应充分发挥思想政治工作优势，密切联系群众，服务党员和企业员工，领导工会协调企业与员工之间的利益关系，依法维护员工的合法权益。这种说法的可操作性强，也符合党组织团结凝聚员工群众的要求，但却将党组织的功能局限于利益协调，无法彰显其政治引领作用。

（4）企业政治核心说。持"企业政治核心说"的学者认为，非公企业党组织可以通过党的政治优势与群众工作优势，在企业决策中发挥主导作用，党员同样可以凭借其先锋模范作用进入企业决策层。这一观点试图从本质上把握党组织与企业之间的关系，但混淆了党组织既有功能的"应然"与"实然"，拔高了党组织在企业决策中的地位与作用，事实上，党组织参与决策的性质是提出意见和建议，而不是代替业主决策，因而将其上升到"主导"地位的说法也难以成立。

综观以上观点，非公企业党建的功能定位具备多重性，具体开展党建工作时应根据企业发展阶段、发展规模、员工结构、行业特点等有所侧重。刚建立党组织的非公企业，党建工作多侧重于监督管理与权益维护功能，从而引导企业良性发展，树立企业主、企业员工对党组织的正确认识。随着党组织工作开展的深入与非公企业自身发展的壮大，党建的政治属性逐渐凸显，党组织在企业中的协助决策、团结思想等功能进一步得到拓展。

三、新时代加强非公企业党建工作的意义

习近平总书记强调，非公有制企业的数量和作用决定了非公有制企业党建工作在整个党建工作中越来越重要，必须以更大的工作力度扎扎实实抓好。① 在新的历史阶段，加强和改进非公企业党建工作具有重要意义。

（一）它是坚持和完善我国基本经济制度，引导非公企业健康发展的必然要求

中国特色社会主义市场经济"既要有效的市场，也要有为的政府"，要解决这一"世界性难题"首先就是要发展不同于西方国家的市场主体和民营经济。党的十九届四中全会指出，"公有制为主体、多种所有制经济共同发展，按劳分配为主体、多种分配方式并存，社会主义市场经济体制等社会主义基本经济制度，既体现了社会主义制度优越性，又同我国社会主义初级阶段社会生产力发展水平相适应，是党和人民的伟大创造"。"支部建在连上"是党的优良传统，通过非公企业党建工作将"坚持党对一切工作的领导"落到实处，是中国共产党把马克思主义基本原理与中国具体实际相结合的重要贡献，通过非公企业党建保证党的方针路线在非公企业中得到落实，科学地指导非公企业生产发展。②

---

① 葛建荣. 党建赋能聚力引领非公有制经济健康发展 [J]. 党建研究，2023（4）：31-33.
② 石竹林，张斌. 新时代非公企业党建工作：环境、困境与路径 [J]. 淮南师范学院学报，2021（5）：6-11.

2018年11月,《中国共产党支部工作条例(试行)》通过后,非公企业党建的规范化基础性建设有了制度保障,非公企业党建围绕推进中心工作进行统筹设计,实现党员发展与企业需求高度融合,党组织与企业各部门高度融合,党组织的活动与企业职工的需要、企业的生产经营管理高度融合,党组织的作用与企业发展需要高度融合,使党组织和企业、党的建设和企业发展成为一个有机整体,在高度融合中实现党建的引擎和动力功能,发挥党组织的引领带动作用。

非公企业党建探索了一条在经济组织中,通过发挥政治因素的政治功能,对资本、技术、管理、人力等传统经济要素产生引领、保障作用,促进产生新的强大生产力、凝聚力、竞争力的新路径。在社会主义市场经济体制下,非公企业如何健康高质量发展,中国非公企业党建的实践探索给出了比西方现代企业制度更科学、更合理、更完善的规律性答案。

(二)它是加强和创新社会管理,团结凝聚职工群众,维护职工合法权益的有效保障

中国共产党作为中国特色社会主义领导核心,"始终代表中国先进生产力的发展要求,代表中国先进文化的前进方向,代表中国最广大人民的根本利益"。非公企业党建工作的开展,有助于企业认识到人的主体性,树立非公企业人本管理理念,肯定所有职工的付出,尊重所有职工的主体地位,以更加科学、柔性和人性化的方式,对企业进行科学管理,防止职工受到不公正对待,保护企业职工权益。[①]

从党的基层组织角度来看,党的基层组织是党的全部工作和战斗力的重要基础。而作为基层党建的重要组成部分,非公企业党建担

---

① 吴胜. 非公企业党建工作的重要性及策略探讨 [J]. 中外企业文化, 2022 (6): 151-153.

负着直接教育党员、管理党员、监督党员和组织群众、宣传群众、凝聚群众、服务群众的职责，引导广大党员发挥先锋模范作用。①

从价值维度来看，党建工作保证了民营企业的中国特色社会主义性质得以实现，推动了民营企业境界进阶，促进了民营企业文化发展。一是党建工作能够使民营企业发展与中国特色社会主义相适应，保证民营企业发展能够做到在党的领导下，以人民为中心，充分发挥资本和技术的作用，为人民服务。二是党建工作能够使民营企业的境界与社会对其不同发展阶段的要求同频共振。三是党建工作可以促进民营企业文化建设，使民营企业文化内涵丰富多彩，从而提升企业的软实力。②四是有效的党建工作能够拓宽企业的利益反映渠道，同时还能协调企业与员工的利益纠纷，促进和谐的劳资关系。③

（三）它是增强党的阶级基础、扩大党的群众基础、夯实党的执政基础的独特环节

不断增强党的阶级基础，扩大党的执政基础，提高党的社会影响力，是事关中国共产党兴衰成败的一个重大问题。④党的十八大以来，中国"大众创业、万众创新"蓬勃开展，非公经济得到迅速发展，上亿家的非公经济组织数量位居世界各国市场主体数量第一。随着非公有制企业不断发展壮大，党的建设工作对于非公有制企业的必要性和重要性日益凸显。⑤

---

① 李明伟，宋姝茜. 新时代非公企业基层党组织建设质量提升探究 [J]. 新视野，2019 (5)：99 – 105.

② 郑长忠. 党建工作与非公企业有机融合的逻辑、空间与机制 [J]. 毛泽东邓小平理论研究，2019 (11)：75 – 80，108.

③ 贾鹏飞. 论非公企业党建的四个基本问题 [J]. 中共福建省委党校学报，2018 (7)：48 – 54.

④ 叶麒麟. 非公企业党建研究述评 [J]. 岭南学刊，2014 (3)：69 – 73. DOI：10.13977/j.cnki.lnxk.2014.03.004.

⑤ 刘星彤. 改革开放以来非公有制企业党的建设研究 [D]. 长春：吉林大学，2022.

非公企业作为中国共产党领导下具有社会主义属性的经济主体，是将非公企业主个人利益、企业利益、国家利益和人民群众需要有机结合的经济组织，集聚了大量创新型人才和有才干之人，在这个领域开展党的建设是中国的独创。中国共产党在非公经济组织中建立起数以万计的基层党组织开展党建工作，是对马克思主义继承发展的具有突破性和创造性意义的生动实践。中央组织、地方组织、基层党组织严密的组织体系覆盖到中国社会的每一个角落，可以为长期坚持党的全面领导奠定坚实的基础。

第二节　非公企业党建的模式创新

2012年3月中共中央办公厅印发的《关于加强和改进非公有制企业党的建设工作的意见（试行）》，明确要求在非公有制企业"努力推进党的组织和工作覆盖"，简称"两个覆盖"。近年来，在非公企业中，党的组织形式呈现出多元、灵活等特点，根据高选良（2013）的总结，非公经济党建全覆盖主要采取重点组建、行业组建、市场组建、楼宇组建、社区组建五种模式，也有学者在这些基础上提出园区组建、挂靠组建等说法。在联建模式中，祁凡骅和康媛璐（2024）以跨界主体的类型划分，将联建类型分为跨领域联建、跨行业联建、跨层级联建、跨地域联建四种类型。

一、传统的非公企业党建组织形式

重点组建也称单独组建，主要针对规模以上非公企业，逐个独立组建党组织。对个别党员人数较少、党建基础较为薄弱的企业，通过选派党建指导员、招聘党员职工培养发展党员等方式，实现党组织全覆盖。

行业组建主要针对商会（协会）下属非公企业和个体工商户，根据其联系比较密切、行业自律性较强的特点，采取"商会（协会）+党组织"的方式组建。与之对应，一些地区的政府结合当地非公企业的实际，按照"优势互补、按需结对"的原则，积极引导跨行业联合共建的方式，例如社企联建、村（居）企联建、校企联建、银企联建，实现联建共创、互惠双赢。

楼宇组建主要针对楼宇经济中小微企业多，党员比较分散的特点，实行楼宇组建。1999年上海浦东嘉兴大厦楼宇联合党支部诞生并开启楼宇党建的覆盖方式，此后相关规范性文件进一步明确了楼宇党组织的管理模式和组建要求。

园区组建是将党建的空间范围从楼宇拓展到工业园、开发区等范畴，根据园区性质、规模等差异，细分为党委主导、龙头企业主导、运营管理公司主导等多种组建形式。

市场组建主要针对非公企业、个体工商户相对比较集中便于组织的特点，在市场统一组建党组织。

社区组建主要针对围绕居民小区的个体工商户和小微企业按照地域相邻、便于活动的原则归靠社区党支部管理成立党小组。

二、"互联网+"非公企业党建组织形式

随着时代的发展和变迁，互联网的迅猛发展与新业态的积极成长对非公企业党建的创新覆盖提出了新的要求。"互联网+"党建的组织形式主要有两种。

一是传统非公企业的数字化党建模式，即党建工作依托信息技术和互联网平台开展，并能够结合线上线下资源发挥数字化的优势，以此将党建与企业文化、生产经营等更有效融合，从而实现企业中党

建文化的宣传作用，实现创新覆盖。在实践中比较普遍的做法是搭建企业党组织员工的自我展示平台，建立在线"红色阵地"，集学习教育、监督干部、加强队伍建设、完善党组织生活等功能于一体，通过线上方式覆盖全体员工。这种党建的创新模式应用除了规模型企业内部外，也逐步推广至楼宇党建、园区党建等组织形式中，并通过党建品牌建设、党组织工作宣传等方式扩大了覆盖范围与覆盖的有效性。

二是针对互联网新业态的组织形式。通过"网络党支部"等构建智慧党建平台，加强对互联网非公企业流动党员的管理。加强流动党员的登记工作，开展流动党员的远程教育，具有动态管理、个性化服务、实时参与、实时监督等不可替代的优势。[①]

三、非公企业党建的嵌入机制

在新的历史条件下，在非公企业中党的组织覆盖逐步实现的基础上，企业与党组织间的关系由"依附性"的浅层嵌入向"内涵式"的深度融合转变。[②] 从实践效果来看，党建与非公企业的融合嵌入大致有形式嵌入、组织嵌入、文化嵌入、制度嵌入、资源嵌入五种模式。

（一）形式嵌入

所谓形式嵌入，是指企业党建工作在企业表层开展，具备一定的外部形式，但实质性内容缺乏。在非公企业党建工作起步较晚的中小型企业，"形式嵌入"较容易发生，没有做到组织体系内部融合共

[①] 李中阳. 以智慧党建平台建设推动流动党员管理效能提升的路径分析 [J]. 中共成都市委党校学报，2023（1）：91-98，112.

[②] 王懂棋，范雅康. 从嵌入到融合：政党中心视角下的非公党建 [J]. 毛泽东思想研究，2020，37（4）：115-124.

生,客观上存在党建工作"角色退化、工作虚化、职能娱乐化和党组织边缘化"的倾向。[1]

（二）组织嵌入

组织嵌入充分考虑企业最为基本的生产经济职能,不断优化细化企业党组织设置方式,充分利用员工生活区、生产车间、生产小组等形式建立起党支部、党小组,并努力促使党组织与企业生产经营管理部门有机融合。通过组织嵌入,党组织通过正常的组织程序,积极努力地将非公企业业主、管理层、优秀员工等新生力量吸纳进党组织架构。在此过程中,通过企业党组织积极听取和反映新生力量的利益诉求,实现党和国家与新生社会力量的有效政治沟通,在倾听和处理非公企业员工的政治诉求中有效提升新生社会力量参与生产的积极性,为企业凝聚健康向上发展的正能量,最终实现非公企业党建工作与生产经营的有机融合。[2]

（三）文化嵌入

文化嵌入是指非公企业党组织通过系列活动,把党的宗旨、章程、价值追求及其在新时期的具体要求等文化认知要素在消化吸收内化的过程中有效传递给企业员工,进而实现员工对党组织文化的认知、接受和内化的机制。非公企业党组织的文化嵌入主要包括：一方面,对于党员员工,充分利用各级党组织的分层次、多渠道的党员学习教育体系,提升自身的精神境界；另一方面,对于非党员员工,通过以爱岗敬业为核心的社会主义核心价值观教育,营造凝聚引领

---

[1] 汪斌锋.从"外部党建"到"嵌融共生"：中小企业党建内生动力与推动路径［J］.领导科学,2021（20）：96-98.

[2] 蔡文华.组织融合与文化协同：非公企业党建工作难点及其解决之道［J］.理论导刊,2017（7）：49-52.

企业发展的良好氛围。

当前，一些大型企业非常注重党建文化建设，把党建文化作为企业文化建设的内核，发挥党委的作用，把党的先进思想和文化价值理念融入企业发展中，把党的政治优势转化为凝聚员工的思想优势，形成积极向上、奋发有为的精神风貌。有的企业能够把党建工作与企业社会责任相结合，鼓励职工参与社会义务工作、在服务社会的行动中提高企业美誉度，实现职工的社会价值。还有的企业以党建带动群团建设，在建设和谐家庭、关爱青少年等方面作出了成绩。[①]

文化嵌入通过有针对性地嵌入与企业性质及生产经营要求相关的思想教育内容，既帮助企业员工建立正确健康的企业伦理，又能够促进企业形成企业文化精神。文化嵌入是树立企业职工与团队正确价值观、培养企业凝聚力与集体荣誉感的有效方式，同时也是非公企业党组织掌握企业职工思想动态，传播党的声音，扩大党的影响的有效途径。

（四）制度嵌入

制度嵌入分为宏观层面和微观层面。在宏观层面上，通过国家或地区层面的顶层制度设计和政策供给，为非公企业基层党组织设置、党员管理、队伍建设等党建工作提供法律法规方面的政策保障。在微观层面上，根据非公企业党建工作的实际需求，充分考虑企业生产实际，创新非公企业党建制度，为非公企业党建工作开展提供制度保障。

通过制度嵌入整合一定区域内各类党建资源与社会资源，强化互动共商，倡导自主管理，具有引领区域社会组织和弥合组织结构体系的双重功效。通过区域化、网格化党建，可以解决非公企业周期性变化带来的党员管理问题，有效规避非公企业因自身流变而仓促组

[①] 蔡文华. 组织融合与文化协同：非公企业党建工作难点及其解决之道 [J]. 理论导刊, 2017 (7): 49-52.

建、解散党支部。[1]

（五）资源嵌入

将党组织的授权与企业管理相结合，整合内外资源来进行党建工作。在外部方面，通过政府引导获得外部资源，发挥各级党组织特别是非公企业党组织的作用，推进党组织全覆盖和党建工作全覆盖，形成强大的政治动员氛围，增强企业党组织的政治合法性和工作正当性。在内部方面，通过企业党组织与企业管理体制相结合，找到自身功能的合理定位，形成企业内部的工作平台，以获得内部资源。

具体路径上，党员可以通过努力获得参与企业管理、决策的工作岗位，同时也可以通过党建工作，发展企业内部的高素质技术人员、管理人员成为党员，开发企业内部党建工作资源。这种结构上的嵌入与职能岗位上的资源整合，有利于进一步将企业发展与党组织工作结合起来。

资源嵌入需要深入挖掘并整合企业党组织的社会化工作支持体系，通过多渠道、多资源、多路径支持企业发展与自身建设。通过党组织联合形成区域化党建，将更多的社会资源引入企业，同时也通过组织平台解决企业的困难，扩充企业党组织的社会资本。[2]

第三节　非公企业党建的发展历程

我国非公企业党建伴随着非公有制经济蓬勃发展而发展。党的

---

[1] 邱卫东，胡博成．嵌入与整合：非公企业党建面临的困境及其对策研究［J］．社会主义研究，2018（1）：113－120．

[2] 汪斌锋．从"外部党建"到"嵌融共生"：中小企业党建内生动力与推动路径［J］．领导科学，2021（20）：96－98．

十四大在党的历史上第一次明确提出了建立社会主义市场经济体制的目标。党的十五大把"公有制为主体、多种所有制经济共同发展"确立为我国的基本经济制度,明确提出"非公有制经济是我国社会主义市场经济的重要组成部分"。党的十六大提出:"必须毫不动摇地巩固和发展公有制经济""必须毫不动摇地鼓励、支持和引导非公有制经济发展"。党的十八大进一步提出:"毫不动摇鼓励、支持、引导非公有制经济发展,保证各种所有制经济依法平等使用生产要素、公平参与市场竞争、同等受到法律保护。"在"两个毫不动摇"方针指引下,我国非公经济蓬勃发展,非公企业党建也从初探走向成熟。

一、初探期(1978~1992年)

1978年12月,党的十一届三中全会召开,决定将全党的工作重点和全国人民的注意力转移到社会主义现代化建设上,提出了改革开放的任务。从此,非公有制经济开始起步,非公企业的党建工作随之展开。在这个阶段中,非公有制经济的党建工作主要内容是参照国有企业党建的模式与标准组建党组织,党组织在非公企业中的特殊意义初步呈现,党建工作在各级党委、政府的支持鼓励下开始实践与探索。

(一)个体企业、私营企业、外资企业党建初探

1. 个体企业党建

党的十一届三中全会后,全党工作重心由阶级斗争转向经济建设,非公有制经济取得恢复性发展。其中,个体经济发展最为显著与迅速。一方面是我国长期积压的就业人口与大量的发展机会相匹配。另一方面个体经济得到中央的鼓励与政策扶持,1982年9月,党的

十二大指出，个体经济是公有制经济"必要的、有益的"补充，并在同年 12 月通过的宪法中加以确认，强调"国家保护个体经济的合法的权利和利益"。同年，国务院制定《个体工商户管理暂行办法》，正式承认个体经济的合法地位。

党中央也随之关注到在个体工商户群众中发展党员的重要性。1981 年，中共中央、国务院出台的《关于广开门路，搞活经济，解决城镇就业问题的若干决定》明确个体劳动者入党入团的权利以及按需在从事集体经济和个体经济的人员中逐步建立党、团组织的要求。1986 年 2 月 28 日，中共中央组织部发出《关于调整和改进农村中党的基层组织建设的意见》，明确提出："城镇个体工商户中的党员，包括进城镇务工经商的农民党员应根据人数多少，按行业或从业地点远近，建立党支部和划分党小组，由城镇党委领导，或由城镇党委确定其隶属关系"①。

截至 1986 年 10 月，在商品经济发达的浙江省，许多市、地、县的党组织创办了 250 多所乡镇党校，既组织党员学习党的基本知识和党的方针、政策，对党员进行党性、党风、党纪学习教育，又进行发展商品经济的教育、学习科技知识和致富技能，创造性地开展对个体户群体的思想政治工作。②

2. 私营企业党建

私营经济是生产资料私有并以雇佣劳动的方式从事生产，是具有一定规模的经济发展模式。在个体经济发展起来后，个体户生产规模扩大并逐渐演变成为私营企业。截至 1988 年，全国共有私营企业 20 多万家。③ 但受制于姓"公"姓"私"的争议，私营企业在改革开放初期，并未获得明确的合法地位和制度扶持，直至 1985 年第一

---

① 杜喜武. 个体行业中应建立党团组织 [N], 人民日报, 1986 – 05 – 08 (07).
② 傅上伦. 浙江办二百多乡镇党校 [N], 人民日报 1986 – 10 – 07 (04).
③ 本书编委会. 非公有制经济企业党的建设 [M]. 北京：人民出版社，2010：8.

张私营企业营业执照的颁发,党和国家开始调整相关政策,并在党的十三大上确立了鼓励和发展私营经济的方针,强调私营经济的重要性。

1988年4月,《中华人民共和国宪法修正案》将私营经济正式写进国家根本大法,指出:"国家允许私营经济在法律规定的范围内存在和发展。私营经济是社会主义公有制经济的补充。国家保护私营经济的合法权利和利益"。①

1992年中共中央印发了《中共中央关于加强党的建设,提高党在改革和建设中的战斗力的意见》,提出在外资企业、私营企业等几种典型的新组织形式中创造建立党组织的条件,抓紧建立党组织。

3. 外资企业党建

外资经济是利用外资发展经济的模式,这种经济模式下外国资本占据主要股份且多以劳动密集型企业为主。外资经济的发展相较于私营经济,早在1982年就得到《中华人民共和国宪法》赋予的合法地位。此后,《中华人民共和国外资企业法》(1986年4月)、《关于鼓励外商投资的规定》(1986年10月)、《中华人民共和国中外合作经营企业法》(1988年4月)相继颁布,进一步明确了优惠政策,优化了投资环境,扩大了投资领域,使利用外资工作朝着规范化、制度化方向发展。

在20世纪80年代,外资企业主要集中在经济发达的沿海地区,至1991年,全国工商联核准的外资企业为41488家,员工超过300万人。②外资企业的党建问题一度引起探讨,至1984年深圳市召开

---

① 李海涛. 论20世纪末我国非公经济思想政治工作的探索实践与经验启示[J]. 湖北经济学院学报(人文社会科学版),2023,20(12):20-26.

② 张彦惠. 深圳市非公企业党的建设历史考察及经验研究[D]. 北京:中共中央党校,2018.

的"外商投资企业党建工作经验交流会"提到关于外资企业的党建的必要性与原则性,并迅速获得推广。随着1984年《关于加强中外合资经营企业党的工作的几点意见》等文件的出台,正式确立了外资和合资企业党建的工作方法。

1985年,浙江省成立了第一个外商投资企业党支部(宁波花港高速客轮有限公司党支部)。在1985年浙江省开业的26家外资企业中,共建立14个党组织。①浙江省委组织部分别在1985年、1994年出台了《关于加强中外合营企业党的工作的意见》《关于加强外商投资企业党的工作的意见》,让外资企业党建工作在浙江省得以健康、积极发展。

(二) 非公企业党建初期的典型模式

(1) 独立设立党组织。在有条件的非公经济组织中设立独立党支部,以支部为单位开展工作。1987年,温州瑞安开展非公企业党建试点工作,成立瑞安振中工程机械厂党支部。该党支部的工作模式按照国企的标准进行,包括组织方式、活动内容、运作模式等方面。振中模式是非公企业党建初期具有代表性意义的探索与实践,这种模式大多在具有一定思想政治教育基础的私营企业中开展。

(2) 挂靠、联建党组织。依据非公经济企业产业归属,依托相对口的国企,让非公经济组织的党员直接参加国企党组织的活动。1985年,深圳第一家外商独资企业党组织三洋电机(蛇口)有限公司党支部建立,开启外资企业党建先河。在这种模式下,非公企业可以选择较为灵活的方式开展党建活动,由国有企业选派党员干部担任党支部书记形成联建。②此外,部分规模较小的小食品厂、砖厂、

---

① 任映红. 非公企业党建评价体系的探索与构建 [J]. 江汉论坛, 2007 (1): 32 - 35.
② 杜立新. 积极探索外资企业党建工作新路子 [J]. 苏南乡镇企业, 1995 (3): 24 - 25.

制衣厂、小钢铁厂等小型私营企业的党组织则采取挂靠政府、国有企业等方式。这种模式直到20世纪90年代中期，随着非公有制企业经济地位的确认才正式被移除。①

在这一时期，党中央已经意识到在非公有制经济体中开展党建工作的重要性，出台了针对私营经济、外资经济的政策文件，鼓励各地以各种方式开展非公企业党建工作。在非公企业中，党组织对企业经营生产产生了积极影响，特别是在劳资关系、企业形象和凝聚力等方面。然而，党中央针对非公企业党建工作只出台了单独性文件，还未形成体系化管理，企业缺乏参照的典型案例，无法形成成熟的工作方法。而且，私营企业主的入党问题在政策上存在不明确性，导致非公企业党建工作难以推进，党员数量不足也限制了党建工作在基层中的影响力。

二、形成期（1992～2002年）

党的十四大首次以文件形式要求"在其他各种经济组织中，也要从实际出发，抓紧建立健全党的组织和工作制度"，这个要求有力推动了非公企业中党组织的建设。在这一阶段，我国非公企业党建的典型模式初步形成，并成为推动发展社会主义市场经济的重要力量，非公企业党建的理论研究与实践探索取得重要突破。

（一）非公企业党建的系统性理论体系构建

1. 非公有制经济发展的新理论

邓小平的南方谈话创造性地将经济改革的重点从"资""社"之辩转向"是否有利于解放和发展生产力"的范畴内。1992年10月12

---

① 刘星彤. 改革开放以来非公有制企业党的建设研究 [D]. 长春：吉林大学，2022.

日至18日，党的十四大在北京召开，明确了我国经济体制改革的目标是建立社会主义市场经济体制。1993年召开的党的十四届三中全会上，"社会主义市场经济"理论被创造性地提出，非公有制企业的合法性被正式确认。1997年，党的十五大报告中正式确认了我国非公有制经济的地位，将非公有制经济纳入了社会主义初级阶段的基本经济制度之中，明确指出非公有制经济是我国社会主义市场经济的重要组成部分。党的十六届四中全会通过了《中共中央关于加强党的执政能力建设的决定》，重申对非公有制经济地位的肯定，非公有制经济与公有制经济之间是平等关系，共同发展。1999年通过的宪法修正案中，将非公有制经济的地位、权利等内容写入宪法，赋予了其明确的法律地位。

2. 关于非公有制经济党建的理论突破

党的十四大正式确立了非公有制企业党建的方针路线。随后，1993年8月27日、1994年4月23日，中国共产党中央组织部相继印发《关于进一步加强外商投资企业党的工作的意见》《关于加强股份制企业中党的工作的几点意见》，强调首先要把那些规模较大、职工人数较多的企业的党组织建立起来，党组织的组建工作尽可能与开办企业同步考虑、同步进行；要加强和改进对外商投资企业中党的工作的领导，不断探索创造适合外商投资企业特点的党建工作方法和活动方式。

1994年9月28日，中国共产党十四届四中全会通过的《中共中央关于加强党的建设几个重大问题的决定》强调，"在其他各种所有制的企业中，都要加强党的工作。没有党组织的，要积极创造条件建立党的组织，采取适应各自特点的工作方法和活动方式，开展党的活动"[①]。

---

① 王建均. 民营企业党建工作实务与创新手册［M］. 北京：中华工商联合出版社有限责任公司，2023.

2000年，中共中央组织部发布《关于在个体和私营等非公有制经济组织中加强党的建设工作的意见（试行）》，党中央开始规范非公有制经济组织中的党组织建设。

2002年，党的十六大修改通过的党章首次对非公有制经济组织中党的基层组织进行了原则性规定，明确私营企业主是社会主义建设者，他们中的先进分子可以入党，这一新的突破为非公有制经济组织党的建设工作奠定了理论依据。

（二）非公企业党建构架与路径实践探索

（1）由点及面、由大到小建设党组织。在这一阶段，规模以上企业的党建工作覆盖面迅速扩大，各地根据地方特性和企业属性灵活组建党组织，壮大党的力量。当时，我国大型非公有制企业党建中特色化道路初步探索，主要模式包括在企业中进行工会和党组织的融合，发挥党组织对工会的指导作用；建立党组织的建议咨询制度，确保企业正确的发展方向；建立先锋党员岗位，发挥党员模范的先进带头作用等。[①] 截至2002年，我国私营企业共有202.9万户，就业总人数达到了2713.9万人，全国非公有制经济组织党员总计21.26万人，成立了9.9万个非公企业党组织。[②]

（2）先建立后规范、由表及里建设党组织。在这一时期，党在非公企业大规模地探索、有组织地实施党建工作，总结起来，就是探索并初步形成推动非公企业党建发展的制度性规范。这包括通过联合建、依托建、统筹建、重点建的方式扩大党在非公企业的组织和工作覆盖；加强思想政治工作、维护合法权益获得非公企业主和企业职工对党组织工作的支持；以及强化组织领导、完善管理体制、加强工

---

① 姜波. 非公企业离不开党[N]. 经济日报，2000 – 06 – 29（05）.
② 李景田. 在全国非公有制经济党建工作经验交流会上的讲话[N]. 组织人事报，2003 – 09 – 03（01）.

作指导形成党的组织力提升的有效机制。①一些地方从各自实际出发，积极拓宽非公有制企业党的建设工作的思路，推动非公有制企业党的建设工作朝着规范化的方向不断取得进展。

在这一时期，非公有制经济组织党的建设工作受到党中央的重视和支持，出台了一系列促进发展的政策文件。与此同时，地方党委对非公企业党建的认识也有所加深。总体上，非公企业党组织的数量加快上升，成为党的基层组织中重要的力量。在相关政策文件的指导下，非公企业党建工作方向与具体操作办法更加明确，企业党组织自我发展机制初步形成。

三、发展期（2002~2012年）

2002年，党的十六大报告对非公有制经济提出了"两个毫不动摇"的发展方针。2005年，全国人大常委会修订了《中华人民共和国公司法》，为非公企业党建提供法律依据。2006年，中共中央组织部提出在规上非公企业全面建立党组织的工作目标。此后，各地大力开展规模以上非公有制企业党组织建设工作，取得明显成效。在这一阶段，党中央及各地党委通过各项措施与机制创新，实现了非公企业党组织的进一步提升与发展。中央组织部统计数据显示，截至2012年底，全国基层党组织总数达到420.1万个，其中非公有制企业基层党组织达到147.5万个，占全国基层党组织总数量的35.1%，占具备建立党组织条件的非公有制企业数的99.95%。这一阶段非公企业党组织数量明显增加，党组织的组织功能也得到进一步拓展，非公企业党建工作进一步向规范化、制度化和科学化转变。

---

① 王鹏. 新时代非公企业党的组织力提升研究［D］. 济南：山东大学，2022.

第二章 时代呼唤：非公企业党建的发展模式与历程

（一）多措并举，多方位完善非公企业党建

党的十六大通过的党章，第一次把"其他社会阶级先进分子"纳入入党申请对象，并将在非公有制经济中设立党的基层组织纳入了党组织基层工作规范，为非公企业开展党建工作提供了有力的政策与理论依据。此后，党中央相继发布了一系列文件。2004年9月，党的十六届第四次全体会议通过《关于加强党的执政能力建设的决定》；2009年9月，党的十七届第四次全体会议通过《关于加强和改进新形势下党的建设若干重大问题的决定》等，为非公企业党建工作提供了必要的制度保障以及针对性的要求。此外，2010年4月，中共中央办公厅印发了《关于在基层组织和党员中深入开展创先争优活动的意见》，提出了创建先进基层党组织、争当优秀共产党员的主要内容。

2008年1月，全国党建研究会非公有制经济组织党建专业委员会在浙江杭州成立，日常办事机构设在浙江省委组织部。2012年3月，党中央进一步明确了党在非公企业的功能定位，并提出了一系列措施，以提高非公企业党组织建设水平。[①]总体而言，这一阶段的非公企业党建在一系列政策措施出台后，在思想建设与实践操作中都获得了更充分的支持，党组织的作用在非公企业中的地位与作用更加凸显，党建活动与企业经营活动联系更加紧密，党建文化与企业文化融合更加有效。

（二）组织覆盖与工作覆盖并举，党建工作提质增效

在党中央和各级政府的积极推动下，非公企业党建组织覆盖形式实现了一系列创新实践。为扩大组织覆盖，各地采用了单独建、联

---

① 王鹏. 新时代非公企业党的组织力提升研究［D］. 济南：山东大学，2022.

合建、挂靠建、园区建等形式，在符合条件的非公企业中基本实现了党的组织全覆盖。这种党建覆盖形式是在党组织主导下的多主体、网络状、有重点、无形、分权式的柔性覆盖。

同时，为扩大工作覆盖范围，全国各地方党委和政府完善了非公企业党建作用发挥的领导体制和运行机制。领导体制主要分为外部领导体制和内部组织管理体制，内部组织管理体制主要是破除家族企业的弊端，建立权责分明、合理分工的现代公司治理体制。运行机制主要包括党组织设置科学化，党建工作制度化，党政干部交叉任职普遍化，党性教育常态化，党务管理信息化，党群工作一体化，党务工作服务规范化，党建绩效考核目标化，党建经费筹集多元化，党务活动时间、场所灵活多样化。[①]

此外，在规模以下非公有制企业的组织覆盖和工作覆盖方面，各地提出了许多创新思路，例如按照"因企制宜、灵活设置、注重实效"的原则，突破以企业为单元的党组织设置，采用企业联建、村企合建、商会共建、区域统建等多种模式。[②]

在这一阶段，非公有制企业党的组织建设工作取得了重要进展。通过对规模以上非公有制企业进行重点党组织建设，扩大了党的组织覆盖面和工作覆盖面；通过党组织参与中心助发展，充分发挥了党组织和党员干部的先进性；通过引领非公企业参与公益活动、承担社会责任，培育出了一大批先进非公企业党组织和优秀共产党员；通过实施强化党员干部队伍的建设和完善党员干部队伍吸纳管理工作，增强了非公企业党建工作力量；通过创新制度管理机制，初步形成了对非公企业党建齐抓共管的工作格局。

[①] 付佳迪，邱观建. 从组织覆盖到工作覆盖：非公党建的制度变迁[J]. 江汉论坛，2017（2）：45-48.

[②] 洪复初，干武东. 规模以下非公企业党的组织和工作覆盖问题研究[J]. 中国延安干部学院学报，2011，4（3）：42-48.

四、成熟期（2012 年至今）

党的十八大以后，"自己人"新理论、"亲清政商关系"新论断相继提出，"两个不动摇""两个健康"理论持续深化，为非公有制经济发展提供历史机遇，也为非公有制经济的党建工作的常态化、系统化发展奠定坚实的基础。

（一）非公经济发展的新理论与新政策

2013 年 11 月，党的十八届三中全会在市场经济理论和非公有制经济理论方面取得新进展。提出"发挥市场在资源配置中的决定性作用"，这有利于树立正确的政府和市场关系观念，改革政府职能，促进经济发展方式转变，遏制消极腐败现象。在非公有制经济理论方面，强调"公有制经济和非公有制经济都是社会主义市场经济的重要组成部分，都是我国经济社会发展的重要基础"；并且明确提出"公有制经济和非公有制经济的财产权都不可侵犯"；此外，还强调了坚持权利平等、机会平等、规则平等，实行统一的市场准入制度。[1]

2018 年 11 月 1 日，习近平总书记在民营企业座谈会上指出，非公有制经济要健康发展，前提是非公有制经济人士要健康成长。[2] "两个健康"的提出，使非公有制经济领域统战工作的指导思想更加全面、完善，对于做好非公有制经济领域统战工作，巩固党的阶级基础和执政基础、扩大党的群众基础，具有重大而深远的现实意义。2022 年，党的二十大报告再次重申坚持"两个毫不动摇"，明确提出

---

[1] 王建均. 民营企业党建工作实务与创新手册 [M]. 北京：中华工商联合出版社有限责任公司，2023.

[2] 习近平. 在民营企业座谈会上的讲话 [EB/OL]. (2018-11-01) [2024-12-30]. https://www.gov.cn/gongbao/content/2018/content_5341047.htm.

"促进民营经济发展壮大",为促进"两个健康"确立了行动指南。2025年2月17日,习近平总书记在民营企业座谈会上强调,党和国家对民营经济发展的基本方针政策,已经纳入中国特色社会主义制度体系,将一以贯之坚持和落实,不能变,也不会变。新时代新征程民营经济发展前景广阔、大有可为,广大民营企业和民营企业家大显身手正当其时。[①]

(二)非公企业党建的着力点和新方式

2012年中共中央办公厅印发的《关于加强和改进非公有制企业党的建设工作的意见(试行)》(以下简称《意见》)提出了"两个覆盖"的要求,即要求在非公有制企业中确保党的组织和工作全面覆盖。

与之前阶段的"覆盖"不同,在这一时期,全面推进"两个覆盖"就是要通过摸排非公企业党建情况提高党组织的渗透力,确保在规模较大的企业全面开展党建工作的同时,将党建工作延伸至中小企业,完成"以大带小"的任务。《意见》还提出了"两个作用",即发挥基层党组织的战斗堡垒作用和党员的先锋模范作用。这一举措明确了党组织和党员在企业中的功能作用,一方面影响企业主的思想觉悟和经营思路,另一方面促进企业生产和经营的良性发展。

此外,《意见》还提出了"两支队伍建设",即加强党组织书记和党建工作指导员队伍建设,作为非公有制企业党建的抓手,明确了在进行党建时主要发挥作用的群体。通过重点建设"两支队伍",提升了非公有制企业党建的力度,采取明确的作用机制来推进企业的

---

① 习近平在民营企业座谈会上强调:民营经济发展前景广阔大有可为 民营企业和民营企业家大显身手正当其时[EB/OL].(2025-02-17)[2025-02-28].https://www.gov.cn/yaowen/liebiao/202502/content_7004103.htm.

党建工作，体现为一种机制的创新。①

2016~2018年，中共中央组织部连续3年将扩大党在非公企业的"两个覆盖"列为重点任务之一，就做好非公企业党建和新兴领域党的建设作出专题部署，要求以党的政治建设为统领，提升非公企业党的组织力，贯彻落实好新时代党建工作要求，充分发挥互联网在新时代党建工作中的重要作用。

2018年10月，《中国共产党支部工作条例（试行）》明确规定了"为期六个月以上的工程、工作项目等，符合条件的，应当成立党支部。流动党员较多，工作地或者居住地相对固定集中，应当由流出地党组织商流入地党组织，依托园区、商会、行业协会、驻外地办事机构等成立流动党员党支部"②。2018年，习近平总书记在全国组织工作会议上明确指出："要探索加强新兴业态和互联网党建工作，扩大党在新兴领域的号召力和凝聚力"。

2019年1月，《关于加强党的政治建设的意见》要求"要以党的政治建设为统领，把政治标准和政治要求贯穿党的思想建设、组织建设、作风建设、纪律建设以及制度建设、反腐败斗争始终，以政治上的加强推动全面从严治党向纵深发展，引领带动党的建设质量全面提高"③。

这一阶段，非公企业党建规范化、制度化、科学化水平进一步巩固提高，由追求组织覆盖和工作覆盖转为注重党组织质量和党建政治方向。其一，非公企业党建在小规模企业的覆盖途径有了新突破，呈现出多点分散式的特点；其二，党建工作内容更具系统性，通过贯

---

① 刘星彤. 改革开放以来非公有制企业党的建设研究［D］. 长春：吉林大学，2022.
② 中共中央党史和文献研究院编. 十九大以来重要文献选编（上）［M］北京：中央文献出版社，2019：658.
③ 中共中央党史和文献研究院编. 十九大以来重要文献选编（上）［M］北京：中央文献出版社，2019：735.

彻落实党的要求，广泛开展"三严三实""两学一做""主题教育"等活动，部分企业常态化开展党建活动日，凸显了非公有制企业党建形态的成熟；其三，随着互联网与新兴产业的发展，互联网党建（智慧党建）在思想建设、反腐倡廉建设、党员队伍管理、理论教育培训等工作中实现新的探索与突破。

第三章

继往开来：非公企业党建的行动逻辑与轨迹

经过多年的实践和探索，国内非公企业党建工作经历了初探、形成、发展、成熟的四个阶段，形成了多种符合非公企业运行规律的工作模式。非公企业通过目标融合、组织融合、工作融合、队伍融合、文化融合五个融合开展融合式党建，非公企业融合式党建如图3.1所示。非公企业通过党建引领企业政治方向、提高企业内部治理水平、提升企业文化品质、团结凝聚职工群众，护航企业生产经营，全方位助力企业健康持续发展。

图 3.1　非公企业融合式党建

第一节　非公企业党建中行动者逻辑分析

从非公企业党建的内在机理来看，非公有制企业中存在各种类型的行动者，主要可以分为党组织内行动者和党组织外行动者，再进一步细分还可以分为党务工作者、普通党员、入党积极分子、普通职工和企业主。这些非公有制企业行动者在企业党建工作中扮演着不同的角色，基于差异化的行动者身份，他们按照各自的异质化的行动逻辑在企业的不同层面发挥不同的作用，推动非公企业党建工作在企业中有效运行并引导和助力企业健康持续发展。

一、行动者的划分标准

非公有制企业的组成形式、规模大小、组织架构和所属行业等存在较大差异，企业行动者种类繁多，按照不同的标准可以划分出不同类型的行动者，而且部分不同类型的行动者还会有不同程度的重叠。因此，在对行动者进行分类时，需要先确定行动者的划分标准。比如按照行动者在企业中承担的职责可以划分为决策层面的行动者、管理层面的行动者和生产层面的行动者；按照行动者的政治身份可以划分为党员行动者和非党员行动者，而党员还可以分为正式党员和预备党员，正式党员还可以分为党务工作者和普通党员；非党员还可以分为入党积极分子、其他群团组织成员和普通群众。

考虑到非公有制企业中党员的特殊政治身份以及其在企业中的作用和影响，针对非公企业党建中的行动者，可以按照党组织内的行动者和党组织外的行动者的划分标准，把非公有制企业中的行动者分为党务工作者、普通党员、入党积极分子和普通群众等。

二、组织内行动者和组织外行动者的区别

（一）组织内的行动者

党组织内的行动者包含正式党员和预备党员。而正式党员可分为普通党员和党务工作者即有党内职务的党员。一般非公有制企业党组织的党内职务包含党组织书记（党委书记、党总支书记、党支部书记）、党组织副书记（党委副书记、党总支副书记、党支部副书记）和党组织委员（党委委员、总支委员、支部委员）。党组织内未担任党内职务的党员均属于普通党员，预备党员一般不能担任党内职务，也属于普通党员。普通党员在党务工作者的组织和领导下参与党内活动，履行党员的基本职责和义务。

（二）组织外的行动者

组织外的行动者是非公有制企业的非党员职工，包含入党积极分子和普通职工。入党积极分子是党组织的考察对象，有较大的可能性加入党组织成为党组织内的行动者，离党组织的距离比较近，有较多的机会参与党组织的活动，比如政治理论学习、主题党日活动、党校培训等。普通职工离党组织的距离相对较远，较少参加党组织的内部活动，因此对党组织的了解不多，加入党组织的热情也不高，但他们是非公有制企业党组织团结和凝聚的对象，党组织希望普通员工能积极响应党组织的号召，积极配合党组织的工作。

三、组织内行动者和组织外行动者相互转化

（一）组织内行动者的转化

组织内行动者的身份可以互相转化。普通党员可以提高自身的

知识技能和党务工作水平，通过党内选举或者上级任命担任党内职务，成为党务工作者；党务工作者也会因为任期结束或者党内工作调整等各种因素不再担任党内职务而变成普通党员。

（二）组织外行动者的转化

组织外行动者的身份可以相互转化。普通职工可以通过提升自身政治素养和思想觉悟，努力提高工作能力，积极向党组织靠拢，通过党组织的考察后被确定为入党积极分子。这种转换是一种双向的选择，首先是企业普通职工有意向加入党组织并提交入党申请书，党组织需要考察入党申请者是否符合入党的要求。入党积极分子也有可能因为思想表现不佳、工作业绩差、个人品德行为差等原因被取消入党积极分子资格，成为普通职工。

（三）组织内外行动者的转化

组织内的行动者和组织外的行动者可以相互转化。一是组织外的行动者向组织内的行动者转化。入党积极分子主动向党组织靠拢，通过党组织的考察，符合入党条件后可以被发展为预备党员，实现由组织外的行动者向组织内的行动者的转变。普通职工也有机会成为组织内的行动者，但是必须先递交入党申请书，通过考察成为入党积极分子，然后再通过努力成为预备党员，相比入党积极分子需要付出更多的努力和时间。二是组织内的行动者向组织外的行动者转化。预备党员在预备期内因为思想、生活、工作等各方面不符合党员的要求，可以被取消预备党员资格，从而成为组织外的行动者。正式党员也有可能因为违反党规党纪而失去党员身份，成为组织外的行动者。

（四）组织内外行动者的重合

在非公有制企业党组织内，存在"党政交叉任职"的情况，主要有担任企业行政职务的行动者同时担任党内职务，比如企业总经理兼任企业党组织书记。这种交叉任职有利于企业党建工作与业务工作的融合，有利于体现党的领导和引领作用。

四、非公企业党建行动者类型

（一）党务工作者

党务工作者是党组织内部主导者，他们直接管理党组织，带领党组织开展组织活动，支配党组织内部的资源，包括组织开展党内民主生活会、"三会一课"，做好党员发展、党内评优，安排各项党内活动等。针对党务工作者的选任，在不同的非公有制企业内存在不同的选任方式，党务工作者可以从内部选拔产生，也可以从外部任命产生。不同的非公有制企业对党务工作者的政治素养与业务能力有不同的要求，主要还是取决于非公有制企业对党建工作的态度和重视程度。一般理想的党务工作者要有正确的政治立场、政治倾向、政治偏好，较高的党务工作水平，同时具备一定的企业管理或者业务能力。

（二）普通党员

普通党员是非公有制企业党组织的最小细胞，他们是企业职工中政治素养较好、思想觉悟较高、业务能力较强的群体，在党务工作者的带领下参与各项党内活动，必要时动员和带领普通职工、入党积极分子参加党组织开展的活动。他们的数量决定着企业党组织规模，他们发挥的作用决定了企业党组织的影响力。普通党员的积极性和显示度受到党组织在企业中所处地位的影响，即和企业重视党建工作的程度相关。

（三）入党积极分子

入党积极分子是党组织重点考察的对象，是非党员企业职工中最靠近党组织的人员，他们比普通职工更加积极地向党组织靠拢，也比普通职工有更多的机会获得党组织的培养教育以及参加党组织活动。除了在政治上和思想上积极向党组织靠拢，主动学习党的理论知识以外，入党积极分子往往在工作岗位上表现更优秀，业务能力更加突出，表现出较高的工作积极性和上进心。在非公有制企业中，入党积极分子还是联系党组织与非党员职工的纽带，他们可以在党组织外部动员非党员职工参与、配合、支持党组织的活动。

（四）普通职工

普通职工是非公有制企业中的大多数，他们从事着生产经营活动，不直接参与党组织的内部活动，但是他们是企业党组织凝聚和引领的对象，往往会被企业内的党员和入党积极分子动员起来参与活动或是通过参加工会、妇联、共青团等群团组织的活动，间接地受到党组织的影响。普通职工往往不像入党积极分子在政治上有更高的追求，而是更加关注自身的工作和实际利益。

（五）非公企业主

非公企业主是诸多行动者的特殊形式，可以具有多种身份，可能是党员也有可能是非党员，具有党员身份的非公企业主还有可能在企业党组织中担任党内职务，比如党组织书记。非公企业主还有可能具有其他政治系统的身份，比如民主党派人士、各级人大代表、政协委员等。非公企业主有机会掌握更多的企业资源和党内资源，对企业的生产经营和企业党建工作有直接的影响。

五、非公企业党建行动者的行动逻辑

(一) 党务工作者的行动逻辑

党务工作的主要目的是通过服务党组织中心大局工作，维护并增强党的领导核心地位。党务工作者应具备较高的政治素养、坚定的理想信念和一定的党务工作水平。非公有制企业的党务工作者在企业的不同时期或是不同规模的企业存在一定程度的差异。处于初创期或者规模较小的非公有制企业，其主要精力集中在企业的生产经营和企业生存发展[1]，企业对于党组织的建设主观上缺乏积极性，客观上精力不足。这些非公有制企业内部党建工作的特点是党组织还不够健全，党建工作的规范性不足，党组织的地位和作用不明显，企业对党建工作的重视程度和支持力度都不够。企业为了节省人力成本和管理成本，党务工作者多由企业主或者企业的主要管理者担任，大多数都没有额外的工作津贴或是岗位工资。这些非公有制企业党务工作者的主要身份还是企业经营者或者管理者，其主要精力和时间都集中在企业生产经营和管理上，对企业的党建工作投入较少。他们缺少开展党建工作的主观能动性，只是按照上级组织的要求被动地完成一些基本的组织任务，并没有从规范建设党组织和发挥党组织引领作用的建设目标出发来开展党务工作。

随着党中央对非公有制企业赋予了新的地位，非公有制企业也深刻意识到党建工作的重要性。党的十八大以后，党中央出台了一系列关于非公企业党建工作的文件政策，对非公有制企业和非公企业党建提出了新的建设要求。2012年，习近平在全国非公有制企业党

---

[1] 党齐民. 新时代非公企业党建新问题、新要求、新思路[J]. 毛泽东邓小平理论研究，2017 (12)：84-87.

的建设工作会议中指出，加强和改进非公企业党建工作，关键在于抓好"两个覆盖"，即党组织覆盖和党的工作覆盖；发挥"两个作用"，即党组织要在职工群众中发挥政治核心作用，在企业发展中发挥政治引领作用；加强"两支队伍"建设，即加强党组织书记和党建工作指导员队伍建设，为开展非公企业党建工作提供组织保障。

随着党中央对非公企业党建工作日益重视，非公有制企业，尤其是规模较大、生产经营稳定的企业逐步规范推进企业党建工作，并逐渐发挥企业党组织的作用。这些非公企业党建工作的特点是：党建工作趋于规范，党务队伍相对整齐，组织作用发挥明显，企业重视党建工作，党组织在企业中具有较高的地位。这些企业的党务工作者的党务工作水平相对较高，也有部分企业设置专职党务工作者；或者，为了配合上级党组织的工作，聘请"党建指导员"或"党建联络员"。他们把企业的党建工作作为自身的工作职责，能积极服从和配合上级党组织的工作安排，但需要在党建工作成效与企业发展成效之间找准平衡点，协调或者融合两者的目标。

从企业自身发展和企业党建工作来说，优秀的企业党务工作者，应该具备较高的党务工作水平、企业管理能力和过硬的政治素质，能够把党建工作与企业发展相融合，发挥党组织的引领作用，推动企业健康持续发展。

（二）普通党员的行动逻辑

普通党员是连接党组织和群众的桥梁纽带，是党组织落实和发挥作用的执行者。在非公有制企业中，普通党员的作用发挥和党组织在企业中的地位和作用密切相关。在规模较大、党组织健全的企业中，普通党员定期参加党组织的活动，具有较强的组织归属感和认同感。在实际行动中，这些党员愿意亮明党员身份，具有较强的党员意识，思想上和行动上都能和党组织保持一致，能积极配合党组织完成各项任务，也乐于在工作中发挥先锋模范作用。部分积极的普通党员在获得组织的归属感和认同感以外，还希望通过积极参与党组织开展的理论学习、教育培训以及党员活动等，提升自身的党务能力和业务能力，从而获得更多的党内资源和发展机会。在规模较小、党组织不规范的企业中，由于企业党建工作不突出，党组织缺少凝聚力和号召力，普通党员在党内组织生活和党员活动中对组织的归属感和认同感偏弱。在实际行动中，普通党员的党员意识可能薄弱，不愿意在普通职工中亮明自己的党员身份，不能很好地发挥先锋模范作用，在工作中也趋同于普通职工，更加注重个人利益诉求，在企业的生产经营中处于被动、消极的状态。

（三）入党积极分子的行动逻辑

入党积极分子是最靠近党组织的组织外行动者，在思想上和行动上都需要接受党组织的考察。基于入党积极分子与党组织的关系，他们紧紧围绕在党组织周围，积极响应党组织的号召，自觉完成党组织的任务，希望能够早日加入党组织，成为一名党员。因此入党积极分子比普通职工更加有政治追求，在工作中也具有更高的积极性和自觉性。入党积极分子的行动和表现，一方面要符合工作岗位的要求，圆满完成工作任务，为企业创造利润；另一方面还要符合党组织的考察要求，自觉学习党的理论知识，提高政治素养和思想认识，积极向党组织靠拢。所以大多数的入党积极分子都是以党组织的要求和标准为行动指导，在企业中立足工作岗位、着眼于企业的发展目标，努力作出贡献。

（四）普通职工的行动逻辑

普通职工在非公有制企业的员工中占的比例较大，他们主要是立足工作岗位参与企业的生产经营。普通职工普遍关注的是自身的利益，对于企业的长远发展和经济效益关注较少，相比于组织内行动者和入党积极分子，他们离党组织相对较远，也缺少向党组织靠拢的积极性，是党组织团结和凝聚的对象。作为企业党组织的工作对象，普通职工需要在党员和入党积极分子的组织和引导之下参与到党组织开展的活动中。企业党组织通过发挥党员的示范作用来带动普通职工参与党组织活动，提高他们工作责任心和集体荣誉感；通过关心关爱等行动来凝聚普通职工，增强他们对党组织和企业的归属感和认同感。总体来说，普通职工的行动主要还是依从于个人利益，需要来自外部的激励和组织动员才能发挥更大的主观能动性，为企业作出更大的贡献。

（五）非公有制企业主的行动逻辑

非公有制企业主在企业中处于决策层和管理层，掌握着企业发展的主要资源，对企业的生产经营和发展具有较大的影响。同时，企业主对企业党建工作的态度，也很大程度地影响着企业的党建工作。整体上，企业主对企业党建工作的态度可以分为两种，即积极的和消极的。企业主作为企业的主要负责人，其主要任务是保障企业能顺利开展生产经营，保持企业健康持续发展。因此，企业主对于企业党建工作的积极性和重视程度也取决于企业党建工作能否促进企业的生产经营和提高企业的经济效益。积极开展企业党建工作的企业主往往已经认识到企业党建工作的必要性和重要性，他们通过企业党组织与上级党组织和政府部门建立联系，更快更多地了解国家的方针政策，从而帮助企业作出合理、科学的决策，保证企业发展方向与国家政策的指向保持一致。消极应对企业党建工作的企业主往往认为企业党建工作对企业提升经济效益和管理效能影响较小或者是没有，甚至会增加企业生产经营的成本，影响企业的经济效益。因此这些企业主只是应付性地按照上级党组织要求设立党组织，象征性地开展党组织活动，并没有真正挖掘党组织在企业发展中的积极作用和引领作用。不规范的党建工作导致党组织无法发挥应有作用，缺少企业主的支持，党组织在企业中的地位不凸显，组织内的党员趋同于普通职工，无法形成党建工作和企业生产经营的良性互动。但随着中央对非公企业党建工作的重视程度不断提高，大多数非公有制企业在相关部门的指导和帮助下逐步建立健全党组织，并积极探索企业党建工作与企业的生产经营有机融合，发挥党组织在企业中的积极作用。企业党组织也探索通过规范企业制度、塑造企业文化、构建和谐劳资关系等途径，帮助企业健康持续发展。

第二节　非公企业党建的作用机理

一、非公企业党建概念

2012年3月21日，习近平在全国非公有制企业党的建设工作会议上强调，非公有制企业的数量和作用决定了非公企业党建工作在整个党建工作中越来越重要，必须以更大的工作力度扎扎实实抓好。2018年3月7日，习近平参加十三届全国人大一次会议广东代表团审议时再次强调，民营企业搞党建不是一种形式的、功利的想法，要真正拥护党的理念，做到心中有党。随着非公企业党建的发展，中共中央印发了一系列关于非公企业党建工作的文件，针对非公企业党建工作内容、组织形式、活动规则、制度建设等各个方面制定了具有针对性的规章制度，加强法律法规的制定，夯实法律基础，提高规范化水平。

非公有制企业是我国经济发展的重要力量，非公企业党建工作在党的基层组织中发挥着重要的作用。非公企业党建是非公有制企业党组织建设的简称，就是指中国共产党在非公有制企业中进行党的基层组织建设的活动。非公企业党建的职责主要是要在非公有制企业中建立党的组织、发展党员、对党员进行教育管理、做好非公有制企业的思想政治工作、在企业职工中发挥政治核心作用、在企业中发挥政治引领作用、促进企业的持续健康发展等。①

二、非公企业党建推动企业发展的机理

非公企业党建工作在以经济利益为目标的非公有制企业中不断创新工作方法和完善工作机制，把企业发展目标与党建工作有机融合，从而推动企业健康持续发展。非公有制企业党组织通过引导企业规范经营、依法纳税，促进企业建立健全的内部治理体系，提升企业生产经营效率，帮助企业塑造优秀的企业文化，提升社会影响力，为企业创造良好的外部发展环境，指导企业构建和谐的劳资关系，激发企业员工的工作积极性和创造性，为企业创造更多的财富价值（见图3.2）。

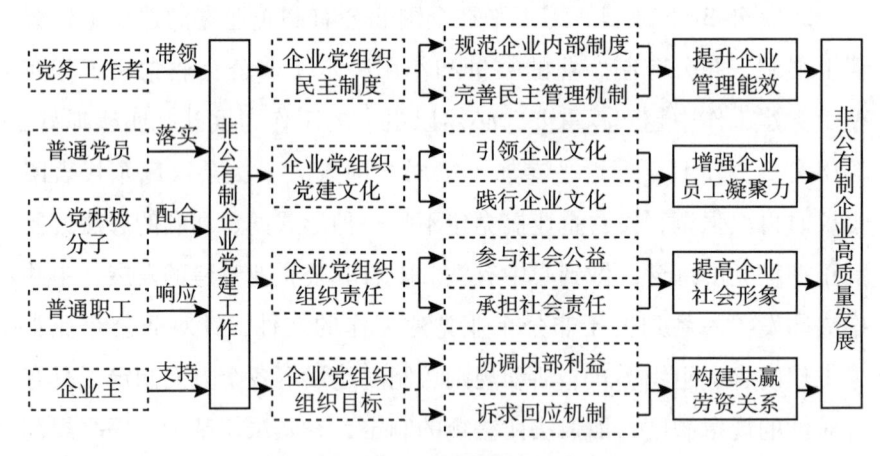

图 3.2　非公企业党建作用机理

---

① 张显胜. 新时代非公企业党建工作创新性研究［D］. 长春：中共吉林省委党校，2018.

(一) 健全企业内部治理结构

非公有制企业作为市场经济的主体，其主要目标是管好企业生产经营，提高经济效益，保持企业健康持续发展。非公有制企业在早期的发展过程中，主要关注企业的生产经营和经济效益，在企业内部治理和规范经营方面存在一些不合理或者不合法的因素。国家通过法律和法规等外部途径规范非公有制企业的管理和发展，而非公有制企业党组织的建立则可以从企业内部引导和督促企业规范经营和依法管理。

一方面，非公有制企业党组织的规范设置有助于完善企业内部治理结构，党组织和行政组织在功能上相互补充，在职位上可以相互交叉任职，增加组织的融合度。非公有制企业党组织能有效地把上级组织和政府的指示精神和文件政策落实到企业的生产经营中，保证企业按照正确的方向持续发展，减少企业在战略决策方面的风险。

另一方面，非公有制企业党组织能够把党组织的民主管理机制和民主决策机制带入企业管理中，帮助企业建立良性的可持续发展的机制保障。在非公有制企业早期发展中，企业主在企业发展中扮演了核心作用，在企业管理和发展决策中具有绝对的发言权，这容易在企业中形成"独断"的管理和决策机制，对企业的长远发展产生不利影响。

民主集中制是党的根本组织原则和领导制度，在充分民主的基础上再实行集中。非公有制企业党组织的民主决策机制能有效弥补非公有制企业在民主管理和民主决策方面的短板，让更多企业职工通过民主管理和民主决策参与到企业的生产经营中，形成更加科学、理性、有效的管理和决策机制。

(二) 塑造优秀企业文化

企业文化是企业发展的内在动力，是促进企业持续发展的推动力，融合在企业的生产经营和管理决策中。企业党建工作与企业文化建设在建设目标、服务对象以及实现路径等方面都具有相融性。①

党建文化具备天然的政治优势，可以用党的创新理论、科学方法来指导企业的文化建设，用社会主义核心价值观引领企业文化建设，丰富企业文化内涵，提升企业文化品质，营造积极向上的企业文化氛围。企业可以把党建文化工作与企业文化建设融合在一起，借助党组织的政治优势和组织优势，加强企业文化的宣传和传播，在企业内形成统一的文化认同。

党建工作可以把党的先进理论、先进思想和先进文化传递、融合到企业文化中，通过文化的宣传、文化品牌的创建培育、文化的学习与培训等，让企业员工在生活、工作、学习中潜移默化地受到企业文化的熏陶，把企业文化内化于心。同时，党建工作也可以把企业文化融入党建文化中，比如，企业党组织可以通过建立党建活动室、党建文化墙、党建宣传册等形式，把企业的管理理念、发展目标融入其中，在党组织内部形成统一的企业文化认知，再通过党组织擅长的思想政治工作和群众工作，把企业发展的愿景和文化价值观传递到每一位企业员工，调动企业员工的积极性和创造性，培育企业员工的价值理念和行为规范，形成积极向上的企业文化。

（三）提升企业社会影响力

非公有制企业在构建高效有序的内部治理体系并形成稳定的经济效益后，为了保持持续健康发展，还需要积极营造良好的外部发展环境。

从企业外部来看，如果非公有制企业能够自觉按照上级组织的

---

① 裴明月. 非公企业党建对企业文化软实力的促进作用研究［D］. 北京：首都经济贸易大学，2018.

要求规范设立党组织,有效落实党建工作,充分发挥党组织作用,那么它就会给外界留下"规范的""被认可"的印象。也就是说,非公有制企业的党建工作本身就能够帮助企业树立良好的社会形象,为企业提供额外的"形象优势"。[①]

从企业内部看,积极履行社会责任能够帮助非公有制企业进一步增强凝聚力,很多非公有制企业积极投身社会公益事业,在自觉承担吸纳社会人员就业和依法纳税后,组织党员职工参加社会志愿服务、社会捐赠活动等,并主动增加公益捐赠、慈善事业、环境保护等方面的投入,提升企业的凝聚力和影响力。

非公企业党建工作能有效连接企业与外部组织和政府部门,为企业参与社会公益活动和承担社会责任提供便利途径。非公有制企业党组织能帮助和指导企业主动承担社会责任,塑造良好的企业形象,营造良好的外部环境,为企业发展赢得更大的发展空间。

(四) 营造企业和谐劳资关系

在非公有制企业内部,存在着不同的利益群体,他们有着不同的价值观念,非公有制企业主的价值取向是追求经济利益最大化,而企业职工价值取向是追求自身利益和自身发展。非公有制企业党组织在企业中并不是某方利益的代表者,而是扮演了利益协调者,是企业和谐发展的稳定剂和解压阀。[②]

当非公有制企业内部出现利益冲突时,非公有制企业党组织作为利益的协调者,可以为企业职工与企业之间建立有效的利益表达渠道,促使劳资双方相互了解利益需求,寻找利益平衡点,进一步协调利益冲突群体之间的关系,构建共同利益目标,把利益冲突群体转

[①②] 李俊伟. 非公有制企业党组织作用机理分析 [J]. 中国党政干部论坛, 2008 (2): 23 - 25.

化为利益共同体,有效解决企业内部利益冲突。

非公有制企业党组织还可以发挥组织优势和群众工作优势,通过企业工会、妇联等群团组织,帮助企业建立诉求回应机制,加强企业职工与企业管理层的沟通互动,及时回应双方诉求,降低利益冲突的风险。

非公有制企业党组织还能帮助企业建立劳资双方合作的新型劳动关系,比如企业通过工会组织,使企业职工有机会参与到企业的管理、决策和监督工作中,从而保障企业职工的民主权利和合法利益,使得企业职工与企业主由原来对立的劳资关系转变为合作共赢关系。这种关系的转变,维护了企业职工的根本利益,有利于非公有制企业进一步发挥企业职工的智慧和力量,在企业内部形成统一、认可的发展目标,推动企业健康持续发展。[①]

第三节 影响非公企业党建有效嵌入的要素成因

一、组织属性的差异影响党组织在非公企业中的主体地位

非公有制企业是生产经营性的经济组织,其主要任务是开展经营性活动,并获取利润,而中国共产党是有远大理想和奋斗目标的政治组织,两者之间属性不同且存在目标差异。在非公有制企业内建立党组织,其实质是在经济组织中又建立一个与自身不同的政治组织,这两个组织有各自的人员体系、组织架构、活动内容、活动方式、目标任务等,他们之间仅在人员方面有重合,其他的方面差别较大。这样的组织差异决定了在非公企业建立党组织的难度以及党组织开展

---

① 李俊伟. 非公有制企业党组织作用机理分析 [J]. 中国党政干部论坛, 2008 (2): 23-25.

活动的难度。

首先，对于上级党组织下达的任务和要求，非公企业党组织在执行过程中更多地停留在形式的传达和落实上，不能结合本企业的特点，在吸收消化上级文件要求的过程中有机地与企业自身的经营特点结合起来，并在此基础上不断总结提炼出具有自身特色的党建文化。其次，非公企业党组织在企业管理结构中的地位不明晰，往往处于企业管理的"边缘地带"，党组织开展活动的制度、时间、场所、经费等都得不到有效保证，严重制约了党组织正常功能和应有作用的发挥。最后，由于非公企业生产经营的灵活性和分散性，具体表现为跨行业和跨地域经营，加之企业党员数量少、人员分散，组织召集难度大。

二、文化价值观的分歧导致党组织在非公企业内的活动效果不理想

非公有制企业作为一个经济组织，以追逐最大化的利润为目标，面对市场的考验和竞争，企业的发展理念都是围绕客户需求、市场需要、产品研发和成本控制等问题展开，在此基础上形成自己的管理风格和办事方式。因此非公有制企业的文化建设带有浓重的"功利性"，其主要目的是提高企业的经济效益，而且在文化建设路径和实践形式上与党组织的党建文化建设也存在一定的差异。

中国共产党立党为公、执政为民，党的宗旨是全心全意为人民服务，讲求奉献，具有远大理想和利他性。因此非公有制企业的文化价值和中国共产党的文化价值存在较大的差异性和错位。单从这一点看，逐利性的价值观与为公的价值观之间就存在着重大差别，即使我们倡导非公企业要担当社会责任、奉献社会，也是以企业生存和盈利为前提的。

党组织在参与企业文化建设和开展组织活动的过程中，需要充

分考虑企业的经济组织属性，平衡企业短期的经济效益与企业的长远发展存在一定难度。

三、企业主的动力缺失使得党建工作在非公企业内的认可度不高

企业主是非公企业发展的重要决策者。非公企业的企业主对党建工作的认识是否到位是非公企业党建工作顺利开展的关键。企业主能够主动接受在企业内设立党组织并积极支持党组织的活动，与他们的文化背景、思想观念、利益考量有关系。从实践来看，部分非公企业的企业主对企业内开展党建工作动力不足的原因，主要有以下三方面：

一是从成本和收益的角度。企业主为了实现企业利润最大化，必然要最大限度地降低生产成本，而企业党组织的建立以及党组织活动的开展是会耗费人力、物力和时间的。有部分企业主认为，企业内开展党建工作会增加企业的成本，会影响企业的经济效益。因此，这部分企业主对企业内开展党建工作存在或多或少的顾虑。

二是从企业经营管理的角度。部分非公企业在创业过程中曾经游走于法律的边缘，在经营管理中打"擦边球"的现象时有发生。这导致企业主对开展党建工作有疑虑，担心党建工作对生产经营活动的监督会影响企业发展。还有的企业主担心党组织成立后会同自己"抢班夺权"，削弱自己的地位、权力以及影响力，因而对企业内开展党建工作显得热情不高。

三是从文化背景的角度。一些具有外资、合资背景的企业，由于合作双方在意识形态、文化背景上的差异，企业主对党建工作的开展也多持谨慎态度。有的非公企业虽然成立了党组织，但是党建工作没有真正融入生产经营工作中，无法真正发挥作用。

第四章

守正创新：浙江非公企业党建的样本与价值

党的十八大以来，浙江坚定不移地沿着"八八战略"指引的道路奋勇前进，聚焦"大力推动以公有制为主体的多种所有制经济共同发展"这一目标，深入实施"红色动力"工程，充分发挥非公企业党组织实质作用，党建成为推动企业健康快速发展的红色引擎。

课题组在调研走访的基础上，精心遴选了九个浙江非公企业党建工作的典型案例，通过深入调研和剖析，展现这些企业的党建工作思路、创新举措、工作成效、经验启示等。这些案例不仅展示了党建工作如何为企业发展提供坚强的政治保证和组织保障，也体现了党建工作如何激发企业的创新活力和市场竞争力。这些案例用实际成效证明了非公企业党建工作的重要性，进一步揭示了党建工作与企业发展之间的内在联系和相互促进的深刻道理，为非公企业加强党建工作提供了生动的范例和有益的启示。

第一节　正泰集团股份有限公司："五结合"班组，推动"绿色发展"

正泰集团①将党建工作与企业管理紧密结合，在丰富党建工作内涵的同时强化政治引领，做到工作更深、内容更实、项目更细。正泰创新打造"五结合"学习型班组，通过将党的领导融入企业制度，创新"五结合"学习型班组，即行政班组抓产品，党小组抓思想，工会小组民主管理，团小组组织活动，妇女小组团结女职工，最终使党、工、团、妇小组有机融入行政班组，如图 4.1 所示。"五结合"学习型班组使得党建工作成为企业发展实实在在的助推器，实现精神文明建设与企业经营发展双丰收。

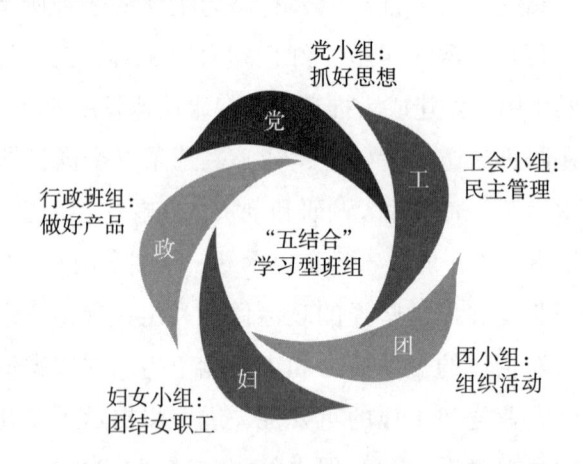

图 4.1　"五结合"学习型班组结构示意

正泰集团成立于 1984 年，核心业务围绕能源"供给—存储—输

---

① 本节内容根据正泰集团官网、微信公众号相关资料整理而成。该企业同意用于本书出版。

变—配售—消费"体系展开，包括新能源、配售、大数据和能源增值服务，支柱业务包括光伏设备、储能、输配电、低压电器、智能终端、软件开发和控制自动化。集团以能源为核心，以创新为动力，为公共机构、工商业提供能源解决方案，取得显著成就。截至2023年，集团业务覆盖140多个国家和地区，员工超过5万人，年营业收入达1550亿元，连续20年上榜中国企业500强。旗下上市公司正泰电器是中国首家以生产低压电器为主营业务的A股上市公司，在亚洲上市公司50强中备受瞩目。

正泰集团今日的成功与集团拥有一个坚强有力的党组织和一支战斗力很强的党员队伍是分不开的。20世纪90年代初，正泰就开始积极探索非公有制企业的党建之路。1993年7月成立党支部，1995年6月成立党总支，1998年12月，中共正泰集团委员会成立，正泰成为温州市第一家成立党委的非公企业。截至2023年，正泰集团党委下辖正泰电器、正泰新能源、正泰电气3个党委，85个支部，共有在册党员2459名。曾先后荣获"全国先进基层党组织""全国非公有制企业双强百佳党组织""全国民族团结进步模范集体""全国模范劳动关系和谐企业""思想政治工作守正创新单位"等国家级荣誉。

一、党建工作思路

自成立党组织以来，正泰集团以改革创新的精神，以"提升服务力，增强凝聚力，助推生产力，促进企业高质量发展，巩固党的执政基础"为导向，坚持"党建+学习、党建+育才、党建+创新、党建+公益"的工作思路，结合企业自身特点，确定了以"五结合"学习型班组为核心的党建工作模式，有针对性地开展党建工作，充分发挥党组织在职工群众中的政治核心作用，以及在企业发展中的政治引领作用，取得了"党建强、发展强"的较好成绩，为企业的健康快速发展提供了坚强的思想保证、精神动力和智力支持。

二、创新做法

班组是企业发展的重要单元，是党群建设和思政工作的重要阵地，是员工实现个人价值的重要舞台。2010年，正泰集团党委首创组建以党小组为核心的"五结合"班组（即把党、工、团、妇小组组建到每个生产班组），把党组织有效覆盖到车间一线，在最前沿、最基层传递党的声音。行政班组组织员工负责任地做好产品；党小组发挥政治核心作用和战斗堡垒作用、抓好员工学习，掌握员工思想动态；工会小组重在民主管理，帮助员工维权、解决他们的后顾之忧；团小组负责岗位学技术、岗位练兵、技术革新和组织业余文体活动；妇女小组负责团结、培养女职工，并切实关心她们的生活。在学习型班组中，党、政、工、团、妇小组通力合作，更好地达成"学习有人抓、思想有人管、活动有人办、权益有人维"的目标，共同促进员工自由而全面的发展。经过多年的实践探索，"五结合"班组已成为正泰集团党建工作的一张"金名片"。

（一）通过学习教育提升业务管理

"班组稳了企业才稳，班组好了企业才好"。以党小组为核心的"五结合"班组，把创建学习型党组织与创建学习型企业相结合，把学习作为凝聚共识的重要条件，实现了学习常态化。根据企业特点，党小组长负责重点抓好每日班前会、班后会的政治学习，配合集团党委定期向员工分发口袋书，增强学习效果。团小组抓好员工技能培训，从党、政、工、团、妇小组长中抽调优秀技术人员组建"实践型""技能型"讲师队伍，加强对员工的技能培训。据统计，公司仅在温州地区就开设1700门课程，总学时达15万小时，参与者6万多人次。近年来，集团党委不断创新工作机制，增强工作力量，丰富工作内涵，打造"五结合"班组网上管理平台，实现班组信息互通、经验共享。集团发布《"五结合"班组管理实施办法》及《"五结合"班组"负面清单"管理细则》，推进班组规范化、精细化、科学化管理。"五结合"班组建设紧紧围绕生产经营中心工作，积极贯彻落实集团党委开展的"提质、增效、降本"主题活动，助力公司"一云两网"战略落地落细，推进公司新一轮高质量发展。

（二）通过政治工作实心化加强思想引领

正泰集团根据自身特点，将以前由基层党支部书记负责员工思想政治工作的模式转变为由党委引导、党支部书记主抓，党、工、团、妇小组长期共管、责任共担的"五结合"学习型班组工作模式（见表4.1）。党的十八大以来，正泰集团党委在落实好党团干部示范学、会议精神深化学、主题党日集中学等制度的同时，通过"五结合"班组，深入学习贯彻党的十八大、十九大、二十大精神和习近平新时代中国特色社会主义思想，弘扬爱国奋斗精神，努力建设学习型党组织。集团通过考核办法评选先进班组，涵盖生产、安全、质量等21项内容，标示"红旗班组"，并进行季度排名、年度表彰；在班组间开展首席专家、职工评比，鼓励争做"质量改进小组""五好班组""五优员工"，激发员工积极性；通过企业内部报刊、大众媒体、网络平台等多渠道宣传"身边榜样"，激发员工学习热情。"五结合"学习型班组的创建，实现了从"主要抓思想"向"抓思想与解决实际问题并重"的转变。由于基层党、工、团、妇小组长与普通党员共同参与思想政治工作，把工作下沉到了一线，这使得思想政治工作更加贴近员工，增强了工作的针对性、灵活性，有效防止了思想政治工作空心化。

表 4.1　　　"五结合"学习型班组与传统思想
政治工作模式的比较

比较内容	传统模式	"五结合"学习型班组
思想政治工作负责人	基层党支部书记负责	党委引导，党支部书记主抓，党工团妇小组长齐抓共管、责任共担
思想政治工作的形式	会议化、集中化教育，内容单一	形式丰富、内容多样
思想政治工作的目标	主要抓思想	抓思想与解决实际问题并重
实际效果	容易空心化，实效性有限	更贴近员工，增强了工作的针对性、灵活性

（三）通过责任帮扶和谐劳动关系

集团党委将关爱员工视为凝聚团队的力量，坚持"员工最需要、企业能解决、出资人能接受"的原则，努力为员工解决实际困难，确保员工福祉。这一思路贯穿于集团的各项工作之中，为集团营造出和谐稳定的工作环境。党小组认真落实"五必谈、四必访"制度（岗位变动时必谈，受到批评或奖励时必谈，遇到困难时必谈，与人发生矛盾时必谈，提干或入党时必谈；家庭有纠纷时必访，生病住院时必访，生活有困难时必访，家有丧事时必访），及时解决已出现的各种实际问题。在经济层面取得成就的同时，正泰集团党委也积极回馈社会，以社会的利益为导向，履行企业的社会担当。正泰的党员都知道，"最困难的地方就会有我们的身影"。

（四）通过组织活动涵育团队文化

在企业"尊重成功、包容失败"的创新文化背景下，集团每年组织开展"创新我闪耀"正泰创新金点子、金案例征集评选活动。

在"五结合"学习型班组之间持续推进"互学互比"活动,激励员工创新、创优、创效。广大党员员工聚焦营销创新、技术创新、数字管理创新等领域,大量攻坚克难、创新求变的优秀成果为企业发展注入澎湃动能。集团长期举办"我们的青春"班组文化主题沙龙,"灌篮高手"篮球联赛、"正泰新声代"正泰全球青年歌手大赛、红色影片配音大赛、党团知识竞赛……每年数十场由集团党委带领工会、共青团、妇联等群团组织举办的大型活动,以及各基层党组织开展的读书分享、技能比武、工间操比赛等中小型活动,丰富了员工业余生活,提升了职工综合素质,也提高了员工的思想认识,增强了员工的凝聚力、向心力、归属感。

三、工作成效

"五结合"学习型班组的创建使党建发展与企业发展紧密结合,并将企业的党建影响力积极扩大。这一创新模式加强了党组织的建设,提升了员工的学习热情和工作效率,为正泰集团的健康快速发展注入了强大动力。其成效具体体现在实化内容、精化专业、广化项目、强化责任。

(一) 创新党建模式,使内容更实

正泰集团将传统党建工作模式创新发展成为"五结合"学习型班组工作模式,形成了横向到边、纵向到底的思想政治工作网络,使得思想政治工作的人手增加、力量增强,体制更顺,机制更活。"五结合"学习型班组使党、工、团、妇小组工作在企业管理中的地位由虚变实,帮助各班组的工作与基层管理工作紧密结合,确保它们能够发挥作用。随着企业的不断成长,集团党委创立"龙头领航·一网一链"党建品牌。依托"正泰云",集团党委对内织密跨区域、跨产业

的智慧党建一张"网",构建以温州正泰集团党委为"中心",以杭州正泰新能源党委、上海正泰电气党委为"两翼"的长三角"一体化"跨区域党建工作新格局。同时,对外建强一条"链",将先进党建和先进生产管理经验向产业链上下游企业辐射、延伸,带动打造产业链党建示范群。截至2023年,正泰集团党支部数量达到80多个,党员数量达到2000多名,党员队伍不断扩大,队伍活力不断增强。

(二)党建结合育才,使专业更精

在党委的领导下,正泰集团充分发挥"五结合"学习型班组的作用,强化班组员工技术专业性,为企业的可持续发展提供坚实的人才支持。截至2023年,正泰参加了48个国际级国家标准化技术委员会,累计主导参与制定和修订550余项的国际、国家行业标准,获得了2000多项国内外奖项证书,9000多项专利授权,为企业的科技创新和市场竞争力提供了有力支持。现如今,正泰集团不仅在业务上取得了显著成绩,更是将专业技术型人才优势转化为社会贡献的正向循环。通过企业发展、人才培养与社会贡献的良性循环,正泰集团在业界树立了良好的企业形象。

(三)党建助推发展,使项目更广

"五结合"学习型班组为员工营造"尊重成功、包容失败"的工作理念,鼓励员工创新营销、开拓项目。2020年,正泰集团成功签署沙特智能电表项目西部地区一体式断路器供货合同,成为其海外分公司成立以来的最大单体项目。这一成就帮助正泰集团进入国家电网"一带一路"重点项目供方名单,更标志着正泰集团在国际舞台上迈出了重要的一步,成为中国非公企业化危为机的典范。在这一重大合作中,正泰集团党建发挥了重要作用。其推行的"五结合"学习型班组模式成功地带动了产业发展,为集团在海外市场赢得了信任和声誉。

在广大党员的示范带领下，正泰集团经营发展喜报频传。

（四）党建彰显担当，使责任更强

在"五结合"学习型班组党建模式的引导下，正泰集团员工的社会责任感得到大幅度的提升，全力以赴的奉献精神深深烙印在他们的意识中。2020年新冠疫情期间，正泰集团党委倡导"抗疫情、促发展、当先锋"的行动，"五结合"学习型班组成员们积极响应号召，成为灾难前挺身而出的中坚力量。复工初期，"五结合"学习型班组成员们深入一线参与生产作业，确保集团正常运转，同时也为群众树立榜样，激发信心。更令人感动的是，班组成员们在支援火神山、雷神山建设中付出十几天不眠不休的努力，确保医疗设施快速投入使用。

随着全球经济的发展、人口的剧增，世界气候面临越来越严重的问题，全球灾难性气候变化屡屡出现，已经严重危害到人类的生存环境和健康安全。2009年12月，集团成立正泰公益基金会，致力于生态文明建设，资助优秀的低碳环保公益项目和活动，进一步推动并奖励节能减排方面的自主技术创新，促进整个社会的和谐发展。这也是浙江省内目前规模最大且唯一一家以公益命名的非公募基金会。

四、经验与启示

（一）优化班组定位，创新党务工作理念

正泰集团开辟出了一条属于自己的党建发展道路，坚持以"五结合"学习型班组建设为核心特色的党建工作，成功将党组织有效覆盖到基层一线，使党的声音在最前沿、最基层传递，凝聚起紧跟党的强大共识。在正泰集团，班组由简单的生产经营的基本单元拓展为

"五结合"学习型班组，形成"尊重人、理解人、关心人、成就人、发展人""负责任地做好产品，要以员工自由且全面发展为基础"等一系列先进理念。集团通过"五结合"班组积极挖掘员工潜能，提升员工的工作水平，听取他们的声音，解决他们的困难，助力他们的成长。"五结合"班组不但为企业内部的班组成员开展深入人心的思想政治工作，而且为整个产业中的员工队伍发展提供精细入微的关心关爱。这种党建模式增强了员工的凝聚力和向心力，更为集团的发展注入了强大的精神动力。

（二）强化社会责任，营造良好企业文化

正泰集团始终将学习视为首要任务，并通过学习型党组织的引领，不断提升员工的思想政治素养和业务能力，为企业的长远发展奠定了坚实的基础。"五结合"班组是正泰集团履行社会责任的重要载体，是危难来临时冲在最前面的急先锋。面对新冠疫情危机，正泰党员们挺身而出，积极参与救援，开展技术创新，提升生产效率，为灾后重建和恢复生产作出贡献。正泰集团用实际行动证明，强化社会责任和倡导为民服务的奉献精神是企业不可或缺的核心价值。企业在快速发展的过程中不仅要追求经济效益，更应积极履行社会责任，只有将党的大政方针政策与公司发展战略结合起来，把党的先锋模范文化与公司企业文化结合起来，以实际行动回馈社会，展现担当和作为，企业才能走得更远。

第二节　温州嘉利特荏原泵业有限公司："三感融合"，走出合资企业发展新路子

合资企业党建工作一直是个难题，但是在中日合资嘉利特荏原

泵业有限公司[①]，难题得到了化解。嘉利特荏原泵业有限公司自成立以来，立足中日合资企业的特点，创新工作方式方法，深入推进"三感融合"工程（见图4.2），通过党建与企业发展"四融合"，把握工作"四环节"，建立"四直通"，从而提升日方业主对党建工作的依赖感和认同感，提升企业员工对党建工作的归属感，助推企业从"简单合资"到"高度和谐"转变。公司党建工作以"减少排斥感、增强认同感、形成依赖感"为出发点，从合资之初"日方排斥、中方力争"到现在"中方力行，日方支持"，得到了日方业主的大力支持，成功走出了一条高质量党建引领合资企业高质量发展的新路子，为企业发展注入强劲的"红色动力"。

推进四个融合	把握四个环节	建议四个"直通"
·党组织班子配备与行政架构相融合 ·党组织设置与车间班组建设相融合 ·党组织活动与生产经营相融合 ·中方文化与日方文化相融合	·宣传教育环节 ·互动交流环节 ·实践探索环节 ·服务员工环节	·政策直通 ·教育直通 ·问题直通 ·服务直通
努力增加日方业主对 党建工作的依赖感	增强日方业主对 党建工作的认同感	提升企业员工对 党建工作的归属感

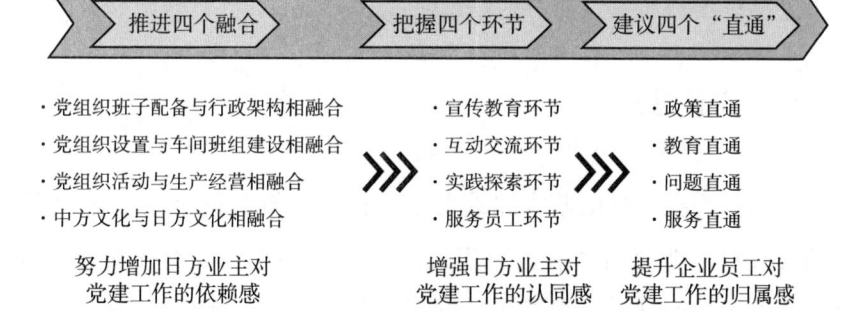

图4.2　嘉利特荏原泵业有限公司党建"三感融合"工程

嘉利特荏原泵业有限公司由浙江嘉利特实业股份有限公司和日本株式会社荏原制作所于2003年2月缔约组建，是一家生产特种工业泵和汽轮机的中外合资企业。公司组建时，原中方公司的党支部整建制植入合资公司，2010年3月升格为党委，下设行政系统、技术系统、生产管理、质量销售、联合车间五个党支部。截至2023年底，共有党员136名，党员占员工总数的32.0%。近年来，嘉利特一直

[①] 本书关于温州嘉利特荏原泵业有限公司的所有资料均为本书课题组调研成果，且得到温州嘉利特荏原泵业有限公司授权发布。

致力于以党建带动企业发展，通过组织融合，体现党组织调控力；通过制度融合，增强党组织执行力；通过工作融合，突出党组织创造力；通过文化融合，增强党组织凝聚力。公司中方9位高管中有7位是党员，中层干部84%是党员，技术骨干60%是党员。在党员带动下，21年来，公司产值增长15倍之多，产值超10亿元。2021年，公司被评为国家专精特新"小巨人"企业。公司截至2023年底，拥有国家高新技术企业等28项省级以上"金名片"。公司先后荣获全国模范职工之家、全国模范劳动关系和谐企业、浙江省文明单位、浙江省绿色企业、高新技术企业、浙江省企业技术中心、浙江省企业研究院、温州市"两新"组织党建示范点、温州市先进基层党组织、温州市首批最美工厂等荣誉。

一、党建思路

公司党委根据党的基本路线要求，认真分析合资企业文化特征，包括合资双方在政治体制、意识形态和思想观念以及文化传承方面存在的差异，明确党组织工作定位，提出结合中日合资企业特点来抓党的建设战略，着眼于发挥党在企业中的战斗堡垒作用，将党建工作与企业文化建设相结合，以党的自身建设为动力推进企业文化建设，打造党组织在企业生产经营中发挥实质作用的合资企业特色党建文化工作思路，使党旗在合资企业上空高高飘扬。

二、创新做法

（一）推进"四个融合"，实现企业发展与党建双向互融

公司党委在"四个融合"上发力，从班子配备、制度设置、工作开展、文化建设等方面着手，推进党组织班子配备与行政架构相融合、推进党组织设置与车间班组建设相融合、推进中方文化与日方文化相融合，积极破解合资中党建与业务"两张皮"的困局，实现了"合资"到"合力"的突破。

1. 推进党组织班子配备与行政架构相融合

积极推行党组织班子成员与企业董事会、中高层干部、社团组织"交叉任职，双向进入"的互动机制，成员由公推直选民主产生，列席总经理办公会，参与企业重大问题决策。公司在高层管理团队中配备了具有丰富党建工作经验的党员，这些党员在公司的战略决策、产品研发、市场开拓等方面发挥着关键作用。同时，在生产一线和工作现场，党员也积极发挥带头作用，带领员工共同完成各项任务。

2. 推进党组织设置与车间班组建设相融合

以"支部建在车间"为抓手，健全党的组织体系，把党支部、党小组和群团组织延伸到企业生产车间、营销网络和研发一线。在公司的日常工作中，党员们积极发挥先锋模范作用，带头遵守规章制度、提高工作效率、改进工作质量。例如，在重点工程、重大项目等方面，党员们冲锋在前，带领团队攻坚克难，推动项目的顺利完成。党员们还积极参与企业的技术创新和产品升级，带头进行研发和设计工作，推动企业不断提高市场竞争力。

3. 推进党组织活动与生产经营活动相融合

紧扣企业中心工作，制订党建服务企业发展行动计划，先后开展"控制成本、提高效率""管理体系建设党员先行"等系列活动，充分激发党员职工致力企业发展的主观能动性，破解了一系列技术革新、管理创新等重大难题。公司在制定和执行各项规章制度时，充分考虑了党的方针政策和企业实际情况，确保企业的发展方向与党的路线方针政策保持一致。例如，在公司的员工晋升制度中，除了考虑员工的工作能力和业绩外，还充分考虑了员工的思想表现和政治觉悟，为优秀的党员提供更多的发展机会。

4. 推进中方文化与日方文化相融合

坚持"党建+文化"，积极引导双方理念融合与公司文化再构建，提炼形成"精益求精、兼容并蓄、追求卓越、报效社会"的企业文化内涵。公司注重吸收中日双方先进的文化理念和管理经验，形成了具有自身特色的企业文化和管理模式。同时，公司还积极推动员工参与企业文化建设，通过开展各种形式的文化活动和团队建设，增强员工的团队意识和企业认同感。例如，定期举办各种文体娱乐活动，并教唱融中日文化为一体的《嘉利特荏原之歌》，增进中日双方交流与沟通，增强企业团队精神和凝聚力。通过举办员工座谈会，听取员工的意见和建议，促进企业与员工之间的沟通和理解。在企业文化中强调诚信、责任、创新、奉献等核心价值观，这些价值观不仅贯穿于企业的日常工作中，也深入员工的内心深处。

（二）把握"四个环节"，增强日方业主对党建工作的认同感

针对合资企业管理上刚性约束较多的实际，公司党组织注重刚柔并济，推行"柔性管理"，通过思想教育、党员带头、典型宣传等方式树好导向、激发活力，实现了由"下命令"向"做引导""帮提升"转变，赢得了日方业主的认可。

1. 抓好宣传教育环节

公司通过定期组织学习、座谈交流、文化活动等形式，向日方业主传递党的理念和企业文化，加强党的理论、方针、政策和企业文化的宣传教育，帮助日方业主更好地了解和认识党建工作的重要性和意义。同时，公司还积极邀请日方业主参加党建活动，如组织参观学习、列席党支部的会议等，增进他们对党建工作的了解和认同。

2. 抓好互动交流环节

公司积极搭建互动交流平台，通过与日方业主的日常沟通、定期

座谈、文化交流等形式，及时了解他们的需求和意见，积极回应他们的关切和问题。通过互动交流，党组织和行政共同探讨企业发展、管理等方面的经验，增进相互之间的了解和信任，为开展党建工作创造良好的氛围。

3. 抓好实践探索环节

公司积极探索适合合资企业的党建工作方式和方法，将党建工作与企业的生产经营、管理、文化等方面相结合。例如，公司组织开展了以"企业发展充满活力、内部关系融洽、外部环境友好"为目标的党建活动，得到了日方业主的大力支持和积极参与。同时，公司还注重总结推广先进的党建工作经验和做法，引导日方业主认识到党建工作对于企业发展的积极作用。

4. 抓好服务员工环节

公司通过制定实施员工福利政策、开展文化活动等形式，帮助员工解决实际问题，提高员工的福利待遇和生活质量。同时，公司还注重加强对员工的思想政治教育，引导员工树立正确的世界观、人生观和价值观，增强员工的凝聚力和向心力，推动公司的健康发展。通过这些举措，公司增强了日方业主对党建工作的认同感和信任感，为企业的健康发展注入了新的动力。

（三）建立"四个直通"，提升员工对党建工作的归属感

坚持问题导向，强化党组织服务基层的功能，强化政策直通、教育直通、问题直通、服务直通，增强员工对党建工作的归属感。

1. 政策直通"面对面"

通过举办讲座、发送微信推文等活动，开展党的政策、公司重大事项等方面的传达。确保员工对党的政策和公司的重大决策有充分的了解和认识。公司注重发展德能兼优的人才入党，通过政治引领，企业发挥出"红色领航"的实质作用。

2. 教育直通"点对点"

公司党组织重视发挥思想政治教育的优势，开展"每周一读"学习活动，以制度化的形式对职工进行理想信念教育，增强党员的党性观念和宗旨意识。针对公司中35周岁以下的青年员工占员工总数67%，35周岁以下的青年党员占党员人数72.8%的实际，公司党委构建具有青年特点的互动运行机制，推动组织学习、组织活动、组织生活更加开放。公司党委凝聚和带领党员职工开展"质量效益双提升"行动，党员带头参加"砸工件、思变革"活动，努力降低生产成本，提高产品质量，提升生产效益。全力营造新常态下党组织、职工群众与企业和谐共进、共同发展的良好氛围。

3. 问题直通"O2O"（online to offline，线上收集问题，线下解决问题）

公司党组织坚持群众路线，倾听员工声音，吸收员工合理化建议，帮助员工解决实际问题，提高员工的福利待遇和生活质量。公司党委运用"互联网+"思维实现问题直通，通过设立意见箱、开通党务微博和微信公众平台等线上线下渠道，征集员工关于生产生活方面的建议。公司建立了完善的建议反馈与改进机制，对收集到的合理化建议进行论证后提交管理层决策，并对录用的建议予以奖励，截至2023年底，公司已发放奖金近20万元。对收集到的问题进行分类处理，党组织自身能解决的问题当场解决并反馈，不能立刻解决的问题，按照难题化解流程由公司进行统一联审后解决，截至2023年底已解决企业各类难题283个。

4. 服务直通"手拉手"

公司党委秉持"企业是员工的乐园，员工是企业的根本""让员工快乐生活，享受生活"的理念，组建党委、工会、行政三条直通线，牵头开展"十面关怀、共建和谐"行动，从衣、食、住、行、休假、社保、薪酬、福利、培训、文体这十个方面开展关怀活动，致力于急职工所急，帮职工所需，解职工所难，创造良好的拴心留人环境。在党委推动下，公司牵头制定并实行"茶歇"制度，在每层办公楼和生产区域都设置休息吧台，提供茶饮和冰制品，全面提升职工的幸福感和归属感，保证企业健康发展。截至2023年底，公司在职超过10年的职工比例达45%以上。

三、工作成效

嘉利特荏原泵业有限公司党群之间、员工之间、业主之间、上下之间、内外之间的各种关系融合，呈现出和谐活力企业的良好态势。公司党委在党建工作的创新做法为外资控股的合资企业开展党建工作提供了样板，既坚持原则又讲究艺术，既强化自身素质又积极取得上级指导支持，使企业党建工作保持了方向的正确性、运行的有效性、组织的先进性、发展的连续性。

（一）企业生产经营效益好

合资20年来，公司党建充分发挥实质性作用，助力企业健康成长，受到了中日双方业主的肯定。公司党委积极参与公司的决策过程，发挥党组织的调控作用。在公司的战略制定、重大项目决策等重要事项上，公司党委积极发表意见和建议，为公司的决策提供重要参考。公司党委注重加强与行政部门的沟通和协调，确保党的方针政策在企业的决策中得到贯彻和落实。公司全体党员在党委带领下，在企业经营、公益活动、中日友好发展等方面起到模范带头作用。在全体党员的共同努力下，嘉利特荏原泵业有限公司的销售额、利润率、税费额持续上升，2019年以来，企业每年产值保持了30%的增长，2021年公司销售额、订单额突破10亿元，成为同行业的领军企业，实现了企业的快速发展。

（二）企业员工忠诚度高

近年来，公司重点解决了 38 件关乎员工的民生问题。针对职工队伍住房问题，公司党委研究完善职工购房一次性补助和购房无息贷款政策，让 30 名外来职工在温州圆了"买房梦"；针对兜底保障问题，公司党委会同人力资源部开展为期 2 年的"企业年金"调研，于 2021 年 1 月 1 日起正式在公司实施企业年金，据估算，在公司工作满 15 年的员工，退休金每年能够增加 3000 元左右；公司降低嘉利特互助基金会帮扶门槛，截至 2023 年底，已帮扶 72 人次，帮扶金额共计 245018 元。针对文化生活问题，公司投资 200 余万元改造升级"党群服务中心"，组织"建党 100 周年·红色嘉利特"党史和公司党建历程的知识竞赛活动，开展企业文娱活动和 5 个社团活动，共计为 800 余人次员工提供"舌尖上的 EGP"厨艺大比拼、EGP 好声音大赛、企业年会等 38 场次各类文化活动。公司在关心关爱中加强对员工的思想政治教育，引导员工树立正确的世界观、人生观和价值观，增强员工的凝聚力和向心力。

（三）企业履行社会责任强

公司践行"我是社会的企业子民，报效社会方显赤子挚情"的文化理念，积极为社会作贡献。在教育领域，公司设立嘉利特荏原泵业有限公司奖学金和助学金，鼓励优秀学子和贫困学生继续深造，支持当地学校的建设和教育水平的提高。在环保领域，嘉利特荏原泵业有限公司注重环保和节能减排，在生产过程中采用环保技术和设备，减少污染物的排放。公司积极参与当地的环保公益项目，如植树造林、河道治理等，以改善环境质量。在公益活动方面，公司搭建社会公益服务平台，组织青年党员志愿者参与当地的扶贫灾区救助、敬老院慰问、困难家庭帮扶等公益活动，为当地居民提供帮助和服务。

四、经验与启示

(一) 以文化融合激发合资企业内源动力

"求木之长者,必固其根本;欲流之远者,必浚其泉源"。加强合资企业党的先进性建设,必须激发企业党建工作的内源动力。合资企业的管理层存在不同的文化背景,不同的工作理念,要形成思想工作合力,加强文化融合是关键。嘉利特荏原公司通过推动文化融合,使党建工作为企业所需要、为党员所欢迎、为员工所拥护、为合资企业股东所认同。公司党委坚持"有为才有位,有位更有为"的理念,抓好党员队伍教育和管理,不断提高党员思想水平和工作能力,强化党员的先进性,切实提高自己的生产经营能力,使党员骨干成为业务骨干,做到有为、有位、有威。

(二) 坚持问题导向促进合资企业高质量发展

在实践中,嘉利特荏原党委紧紧抓住合资企业的特点,坚持问题导向,从企业运作规律出发,思考党建的着力点和切入点。嘉利特荏原党委秉承"企业得发展、员工得实惠、党组织得壮大"的宗旨,坚持"资源共享、优势互补、互利共赢、共同提高"的原则,明确组织定位,着眼于发挥党组织在企业中的战斗堡垒作用,探索适合企业的党建工作方式和方法,保持党建工作的活力和生命力,将党的政治优势转化为企业的发展优势,为企业高质量发展提供强大的动力支持,打造形成合资企业的党建特色。公司党委通过多种渠道,为企业的发展创造良好环境;通过实实在在的工作成效使企业主切实感受到党建的积极作用。实践表明,党建工作一旦变被动为主动,成为企业的自觉行为和业主的内在需要时,变"要企业抓"为"企业要抓"时，其党组织就能淋漓尽致地发挥作用，实现企业发展与党建提升的双赢目标。

第三节 雅戈尔时尚股份有限公司："红领袖工程"，永葆企业"青春"

雅戈尔公司[①]在创业之初就建立了党支部，是一家带有红色基因的纺织民营企业。公司以党建为引领，积极打造以"领路、领帅、领队、袖章、袖扣、袖风"为核心的"红领袖工程"（见图4.3）。雅戈尔党委以理论领先、书记领路、党员领衔、行动领跑为方向目标，在人才培养、队伍建设、凝心聚力等方面有所作为，紧密融合党建工作与企业发展，实现企业"党建强、发展强、人才强"。

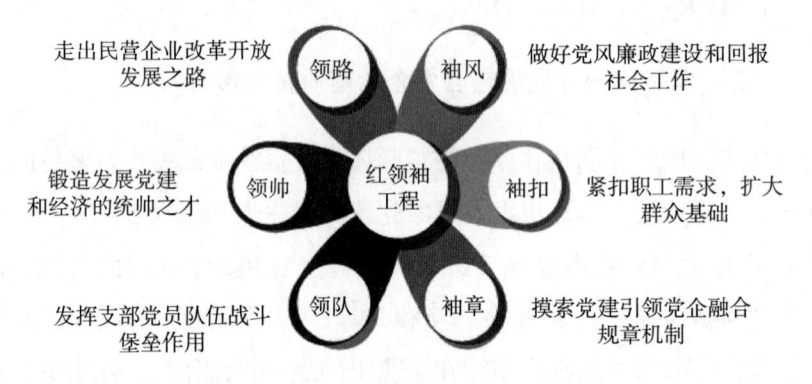

图 4.3 雅戈尔党建"红领袖工程"

1979年，雅戈尔前身宁波青春服装厂成立。1990年8月，服装厂与澳门南光贸易有限公司组建合资企业"宁波雅戈尔制衣有限公

---

① 本书关于雅戈尔时尚股份有限公司的所有资料均为本书课题组调研成果，且得到雅戈尔时尚股份有限公司授权发布。

司",从此雅戈尔(YOUNGOR)品牌正式问世。1993年股份制改革,雅戈尔成为宁波乃至全国较早完成股份制改革的民营企业,同年成立党组织。1997年,"雅戈尔"品牌获得国家商标局颁发的"驰名商标证书"。1998年,雅戈尔公司在上海证券交易所挂牌上市;2004年,雅戈尔公司被评为"中国信息化标杆企业""中国信息化百强企业",雅戈尔品牌被评为最受消费者喜爱的品牌之一。自2004年以来,雅戈尔公司将品牌服装进一步延伸至棉花种植、纺织等服装上游产业,形成纺织服装垂直产业链。经过45年的发展,雅戈尔公司已成为"时尚、房地产、投资、国贸、旅游"五大产业多元并进的综合性国际化企业公司,是全国纺织服装行业龙头企业。

一、党建思路

雅戈尔成立之初就建立了党组织,1996年升格为党委,现有28个党支部,党员400余名。雅戈尔坚持"让人人变得更美好"的企业发展理念,传承"诚信、务实、责任、奉献、正直、有为、勤俭、和谐"的价值观,以特色党建品牌为核心,将党建工作与生产经营相结合,将非公企业党建与现代企业制度的市场化运作机制有机结合,党组织深度参与经营业务,通过政治引领、组织建设、队伍建设、廉洁建设等多方面的协同推进,正确领航企业发展方向,打造高素质产业人才队伍,全面提升党建工作水平,为企业的健康、稳定、可持续发展提供坚实保障。

二、创新做法

领子和袖子是服装的重要组成部分,党员在企业发展中同样发挥着"领口"和"袖口"作用。雅戈尔结合服装企业的特性,创造性开展"红领袖工程"特色党建,"红"为党建的代表色,"领口"和"袖口"契合企业主业主责。该工程通过设立"领路、领帅、领队、袖章、袖扣、袖风"六个板块,以政治思想为引领,以人才创新为动力,以党企融合机制为保障,将党建工作与企业经营管理紧密结合,为企业的健康、稳定、可持续发展保驾护航。

(一)领路:以党的理论优势引领企业发展

公司的发展与改革开放同步,企业的每一次成长都与国家发展战略密切相关。从成立之初,雅戈尔就始终密切关注国家政策动向,积极响应党的号召,跟随党的步伐及时调整企业战略和发展方向,确保企业始终与国家发展大局保持高度一致。经过多年的发展,公司深刻认识到,企业的发展离不开国家的支持和政策的引导,民营企业要发展好,就是要听党话、跟党走,全面领会上级精神并落实到企业发展的方方面面,做好自己的主业主责。公司自成立以来,从濒临破产的乡镇企业逐步发展成国际化公司,始终紧跟党的政策方针。现如今在公司内部,基层组织生活规范,定期开展"三会一课"、主题党日活动,党委书记主动授课,有效提升了党员的责任意识、担当精神和风险意识。"周一夜学"已经形成企业制度,党员干部通过集体学习党和国家的最新精神、大政方针、最新的科技趋势,把握时代大势,将党的政治理论运用于企业实践,坚定发展信心,从中汲取智慧和力量并由此转化为发展力和生产力。

(二)领帅:以党的政治优势锻造发展"领头雁"

雅戈尔始终将人才视为企业发展的核心动力。发挥党的政治优势,首先要确保党组织在企业治理结构中具有明确的法定地位。雅戈尔在企业建设中重点推进党委和董事会的融合建设,落实民主生活会、党委务虚会的建设,建立健全权责对等、运转协调、有效制衡的决策、执行和监督机制；党委发挥领导核心作用，在关系企业政治方向和全局的重大战略性事项上行使决定权和监督权，例如企业的经营方针、中长期规划、年度预决算事项、重要的规则制度等，须经党委会讨论把关从而保证党组织的领导作用得到更好的发挥。在其下属企业中全面推行党委会班子和经营管理层的交叉任职模式，公司董事长兼任公司党委第一书记，3位董事会成员同时担任党委委员，确保党的方针政策能够迅速转化为企业的战略决策。公司下属党支部书记由控股公司总经理担任，使党建工作与企业的日常经营活动紧密结合，实现了党建工作与企业发展的高度一体化。在党建机制保障下，党组织的作用得到了最大限度的发挥，广大党员在企业中的先锋模范作用也得到了充分体现。截至2024年，雅戈尔公司高层管理团队中党员占比高达93%，充分显示了党组织在企业管理层中的影响力和领导力。

（三）领队：以党的队伍优势发挥战斗堡垒作用

公司每个支部都配备专兼职人员从事党务工作，并建立支部活动室，每月定期组织形式多样的"三会一课"和主题党日活动。公司党委通过创建"标准化五星党组织"活动，对下属党支部进行星级动态考评，要求各支部按照"一支部一特色"要求分别设计活动载体，突出党员责任，打造支部品牌，进一步发挥党员的先锋模范作用。公司以推行"党员示范岗"和"党员攻坚队"活动为主线，在每个车间、每个部门都设有"党员示范岗"，每名党员都"亮岗位、亮职责、亮承诺、亮绩效"，引导员工争当技术钻研、攻坚克难、安全生产、遵纪守法的时代先锋；在企业实施重大技术攻关项目关键时刻，十几支"党员攻坚队"焕发活力，大大增强员工凝聚力，先后涌现出全国劳动模范、省杰出工匠等一批党员骨干，通过劳模工匠荣誉榜展示，使之成为员工学习的榜样和力量源泉。通过"锋领工匠""技能大比武""先锋行动""党员示范岗""党员攻坚队"等，公司培养了一大批优秀党员骨干，为企业的发展注入了新的活力。

（四）袖章：以党的制度优势构筑公司治理优势

雅戈尔坚持将"红色精神、先锋意识"融入企业文化，通过把党员培养成企业骨干、推荐党员骨干成为经营管理人才等方式，形成了提拔一名党员、树立一面旗帜、带动一片职工的生动局面。公司党委结合企业实际，实施领导人员分层分类管理，确保党的选人用人原则与公司治理体系相融合，在人才引进和选拔干部时，党员优先考虑。根据不同岗位和层级，公司党委采取差异化的选拔和培养方式，同时始终强调党组织的考察、监督、评价作用。党委不仅把控用人方向，还负责人才规划的审定、用人标准的制定以及政治审查等重要环节。在此基础上，公司党委通过开展"献计献策"和"技能比武"等活动，进一步增强党群关系的协调性和互动性，为企业营造和谐的工作氛围，有效化解劳动争议，推动企业的创新发展。

（五）袖扣：坚持群众路线是企业发展的根基

员工是企业最宝贵的财富，雅戈尔通过构建党组织的"三联三会"和"六必谈五必访"机制，时刻关注员工动态，深入了解员工的实际需求，确保员工能够在和谐、尊重的氛围中工作。为减轻员工的劳动强度并降低安全隐患，公司投入巨额资金引进国际先进的生产设备，如智能化吊挂设备、CAM 裁床等。为进一步改善员工的生活环境，公司投资建设了现代化的职工宿舍，并配置了丰富的文体娱乐设施。此外，雅戈尔每年都会投入 200 万元组织员工免费体检，在春节前为员工提供订票服务，包车送员工回家，为留岗员工组织集体年夜饭、晚会等。为解决员工子女教育问题，企业冠名雅戈尔小学，赞助 1 亿元改造雅戈尔实验学校，斥资 8800 万元改造雅戈尔中学，为员工子女提供良好教育资源。员工家庭有困难，公司牵头组织捐款，提供补助救济，使员工充分感受到企业大家庭的温暖。

（六）袖风：廉政文化助推企业稳步前行

雅戈尔党委积极引导社会主义核心价值观、理想信念教育，倡导企业履行社会责任，开展行业自律承诺、诚信经营，塑造健康向上的企业文化，并通过各种举措营造企业廉洁之风：制定《雅戈尔廉洁自律实施办法》；党员通过民主评议活动，开展批评与自我批评；设立绿色信箱、开展"金点子"征集活动，让群众也可以通过民主监督，畅通地向党支部、党委提出建议、反映问题；将党员的廉政建设与企业高层的廉政建设紧密结合起来，与监事会、内部审计紧密结合起来，形成企业"巡视机制"，提出审计无禁区的工作要求，坚持执行廉洁谈话制度，对关键岗位人员、重点人员要早打招呼早提醒，防范腐败行为发生；推出"清廉·雅戈尔"主题活动，组织各公司各岗位党员学习党风廉政建设相关材料，要求党员干部共同建设"清廉雅戈尔"，塑造良好的企业形象。

三、工作成效

（一）企业发展动力明显增强

公司党委积极推行"党员示范岗""党员攻坚队"活动，每一个车间、每一个部门都设有"党员示范岗"，每名党员亮岗位、亮职责、亮承诺、亮绩效；在企业重大技术攻关项目实施过程中，活跃着十几支"党员攻坚队"，员工凝聚力大大增强，先后涌现出众多党员骨干。截至2024年底，雅戈尔有国家级企业技术中心1家、省级技术中心3家、市级技术中心1家，已授权专利51项，国家火炬计划和国家重点新产品项目20项，技术创新水平在同行业中名列首位。

在建言献策方面，2021年以来，公司内先后有182人次提出346个创新"金点子"，其中80%被转化为现实生产力。

（二）企业员工向心力明显提升

雅戈尔将党建工作与民营灵活性相结合，明确党建工作谁来抓、抓什么、怎么抓，基层党支部和党员明确了解目标的量化和内容，更规范更有序地开展工作，更积极主动地发挥作用。基层党支部在公司党委的指导下，根据支部的业务特征，分别制定差异化的党建任务清单。这些结合支部特征的学习培训、活动等，激发了党员的参与热情，有效提升了出席率、参与度，基层党建实现了一呼百应的局面，党员公益活动参与率常年保持在95%以上，基层组织凝聚力明显增强。同时，公司党组织关注员工需求，发挥密切联系群众的优势，营造和谐劳动关系，据统计，企业连续工作5年以上员工数量占全体员工总数的89%。

（三）企业文化品牌建设显成效

雅戈尔遵循清廉浙江、清廉民企建设目标要求，始终将党建工作与清廉文化建设紧密结合，以党建为引领，推动清廉思想、清廉制度、清廉规则、清廉纪律、清廉文化与企业发展相融合，制定了《雅戈尔廉洁自律实施办法》、创新"清廉雅戈尔"品牌活动，形成了雅戈尔企业的"巡视"机制，推动了红色文化与清廉建设的深度融合，这种红色文化与清廉建设相结合的做法不仅提升了雅戈尔公司的社会形象和声誉，更进一步增强了员工的归属感和凝聚力。2020年，公司工会荣获"浙江省先进集体"，多次被中央文明委评为全国精神文明建设先进单位，成为清廉民营企业创建的示范单位，引领着行业的新风尚。雅戈尔坚持党建引领，为不同规模的民营企业提供了清廉企业建设样板。

四、经验与启示

(一) 建章立制推进党建与生产经营深度融合

雅戈尔推行"交叉任职""一岗双责"制度,通过顶层制度设计,破解党建工作"有形覆盖易,有效覆盖难"的困境,确保党组织班子与企业经营管理层在履行职责时能够相互促进、相互监督。公司党组织根据业务部门和业务地区设定基层组织架构,年初企业制定明确的党建责任目标,并根据分工要求进行党建责任考核,年底要求党组织书记开展"双述职""双评议",在支部层面推进党建工作与生产经营业务工作的深度融合。在考核激励环节,公司将党建工作和业务绩效纳入综合考核体系,确保两者在发展过程中能够同步推进、协调发展,将党的组织制度优势切实转化为企业的经营管理优势,为企业的健康发展提供坚实的政治保障。

(二) 重视人才为企业发展凝心聚力

雅戈尔不断强化完善党、工、团组织,建立健全科学的人力资源体系和培训教育体系制度,以完备的机制保障人才队伍建设。公司打造"锋雅学堂",对预备党员、入党积极分子、发展对象进行系列培训,提高党员队伍整体素质和党组织的战斗力。公司与厦门大学、浙江工商大学、宁波大学等高校、科研机构建立紧密的合作关系,开设营销管理学院,每年选送各级别的人才参与深造和竞赛,不断提升团队的整体素质。公司注重青年团员骨干培养,聚焦"我们的青春是这YOUNG"的工作主题,公司团委从"组织、引领、建功、服务"四个方向进行青年培养:组织,青春飞YOUNG,夯实组织基础,共筑精英团队;引领,有模有YOUNG,青春矢志担当,先锋模范领航;

建功，青春不打YOUNG，立足岗位建功，践行青春使命；服务，花YOUNG青春汇，聚焦员工需求，绽放青春之花。通过党团组织引领，丰富各类人才储备，为企业的长远发展提供队伍保障。

第四节 横店东磁："东方风来，磁心向党"，"1+5+N"齐发力

"东方风来，磁心向党"是横店集团东磁股份有限公司[①]的党建品牌，公司在1981年成立党支部到2009年升格为党委以来，一直乘着改革开放的东风，坚持以党建为统领，大力推动党建与科技创新、平台建设和开放发展的融合，以党建提质助推企业发展增速。东磁"1+5+N"模式是一种创新的党建组织和工作模式，该模式的核心是将党的建设系统化、精细化和可扩展化。公司党委坚持以党的政治建设为统领，强调党的理想信念和初心使命在组织建设中的首要地位，多维精铸党建特色矩阵，以"党建+业务"融合为导向，从领导机制、人才培塑、群团建设、惠民工会、纪检监督等方面着手，建构螺旋式发展结构，如图4.4所示。

横店东磁创立于1980年，股份公司改制设立于1999年3月。2006年8月，在深圳证券交易所成功上市，是一家"磁材+新能源"双轮驱动发展的国家技术创新示范企业。公司是中国电子元件行业协会轮值理事长单位，全国铁氧体磁性行业的龙头企业，全球首批获得低碳认证的光伏组件制造企业，国家级绿色工厂。以横店东磁为龙头的东阳磁性产业集群被誉为"中国磁都"。公司主持或参与62项

[①] 本书关于横店集团东磁股份有限公司的所有资料均为本书课题组调研成果，且得到横店集团东磁股份有限公司授权发布。

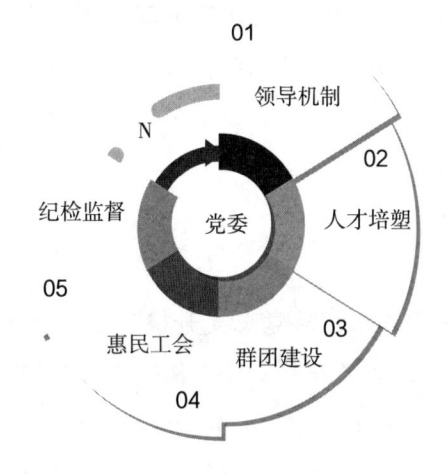

01
领导机制
N
02
纪检监督　党委　人才培塑
05
惠民工会　03
04　群团建设

图 4.4　东磁"1+5+N"党建工作机制

国际标准、国家标准、行业标准、团队标准、联盟标准的制定。公司"铁氧体永磁元件"系列产品获评"全国制造业单项冠军产品",软磁材料及关键技术、产业化项目先后获国家技术发明奖二等奖、国家科学技术进步奖二等奖,多款光伏产品入围国家级"绿色设计产品",获 TÜV 南德颁发的全球首张"智能组件"认证证书及 TÜV 莱茵全球首个多倍加严认证。公司产品出口 70 多个国家和地区,被日本电产、韩国三星等国际知名企业评为"优秀供应商",荣获博世全球最佳供应商大奖,持续入围彭博全球光伏组件制造商第一梯队。

一、党建工作思路

从东磁党组织建设的历史脉络可以清晰地看到,伴随着改革开放后民营企业发展的实践进程,东磁党建工作的思路逐步深化。公司做优做实"1+5+N"模式,多维精铸"党建+"的"东磁"品牌矩阵,建立健全工作机制,推动党建工作与业务工作同频共振、深度融合,有效地将党的政治优势转化为企业的发展优势。"1+5+N"

模式坚持党的领导，注重发挥党组织的政治核心作用，不断加强党员队伍建设，将党建工作与企业的经营发展紧密结合，经历了一个由实践到认识，再实践，再认识的反复艰辛探索的历程。

二、创新做法

自 2009 年东磁党组织从党总支升格为党委以来，东磁党委在上级部门的指导下，东磁始终将党建工作融入公司治理的各个环节，将党组织内嵌到公司治理的结构之中，党建工作重心落在如何充分发挥非公企业党组织的功能上，形成了具有东磁特色的党建品牌，充分发挥了党组织凝心聚力、示范引领作用。坚持以党委为核心，发挥党支部战斗堡垒作用与党员的先锋模范作用，是"1+5+N"模式的灵魂，它确保了党建工作的方向性和引领性。"N"是可以扩展的模块，代表了"1+5+N"的拓展性和灵活性，意味着根据公司党委的需求，添加相应的具体措施或活动。这种适应性和开放性使"1+5+N"模式能够实现党建工作的精细化和差异化。

（一）常修汇智聚力的"丹心"，致力企业群团的卓越党建

东磁聚力打造"东方风来 磁心向党"党建品牌，坚持将党小组建在班组上，不断推动党建与业务融合，探索出一条党建引领民营企业高质量发展的新路子。

为加强党对民营企业发展的领导，进一步完善民营企业党建工作的领导体制机制，东磁公司全面推行党委班子和管理层"双向交叉任职"，为党组织发挥政治核心作用、参与重大事项决策提供坚强保障。公司党委书记由董事长（总经理）兼任，其余 8 名党委委员中 3 名担任副总、5 名担任事业部长。

在公司重要时间节点，由公司党委带领全体高管团队，先后赴井

冈山、古田、遵义等红色教育基地，进行思想洗礼，汲取革命力量，总结分析公司现状，明确企业发展方向，统一思想再出发。公司推进"两学一做，我诺我行"活动的深入开展，党员亲自撰写公开承诺书，接受广大员工监督，落实全体党员"我是党员，从我做起，带头实践，向我看齐，对我监督"，内容包含"廉洁自律，绝不参加非法组织活动，绝不沉湎低级趣味，绝不参与黄赌毒和酒驾醉驾行为"等，确保企业发展航向。

（二）常修逐梦进取的"匠心"，致力人才培塑的赋能党建

东磁坚持把企业党建和人才培养相结合，海纳百川引人才，不拘一格用人才。公司党委下设10个党总支，47个党支部，对公司员工做到了"两个覆盖"，切实提高党的组织和党的工作在东磁的覆盖质量。

东磁重点从生产一线和技术人员中发展党员，抓好、用好人才这个"第一资源"，不断创新人才制度，与时俱进开展组织架构、绩效的变革与调整，确保优秀人才得到公平的晋升和发展机会。制定"多通道晋升机制"，从横向的职业类型和纵向的岗位级别出发，完善各岗位人才评价体系，保障人才晋升通道的顺畅，形成良性竞争；运用任职资格体系，建立各序列评价标准，筛选、培养高潜力人才，完善后备梯队；定期组织人才盘点工作，建立培养、轮岗、晋升计划，护航高潜力人才发展；建立和执行严格的考核机制，如年度绩效面谈与岗位序列等级评价，提升员工积极性。

相比大城市，东磁地处东阳横店，对人才的吸引力较弱。为此，公司积极推动公司人才"选用育留"工作，建立了绿色通道体系、提供住房、补助奖励、解决子女教育及就业、建设人才公寓等措施，让人才留得下来、安得下心。

截至2023年底，东磁共有员工18000名，其中，大专及以上学历人才2735人，驻站院士1名，海外工程师4名，"万人计划"人才

3名，博士13名，正高级职称5名，金华"双龙计划"人才6名。并有浙江工匠5名，八婺金匠9名，东阳工匠9名，高级技师26名，技师108名。

（三）常修爱满党群的"用心"，致力合作互助的温馨党建

东磁建立了主题鲜明、设施完备的党群活动中心、党员活动室、职工之家等，开展"精益管理智慧创想会""三欣会""四新会"等一系列党群活动，实现了党群组织在企业的有效覆盖。

多年来，横店东磁党委不断探索完善"党团小组建在班组上"，把党组织内嵌到公司治理结构之中。围绕公司的经营目标、管理目标等总体思路，通过党员联系员工、示范班组创建，把党小组建立在生产一线上，将班组作为企业开展员工思想政治工作的着力点，进而激活企业活力"细胞"。公司近600名党员进车间、进班组，实现了一线车间党员全覆盖，并注重把首席工人、技能大师等优秀产业工人优先培养为党员。这种以点带面、典型引路、逐步推进的做法，既激活了企业"细胞"活力，也提升了员工的凝聚力和向心力，形成了"党建促发展，发展促党建"的良性循环模式，为公司精神建设添光加热，为企业发展提供了强劲内动力。

"三欣会"活动以党委、总支、支部、班组为单位，每年开展一次。"三欣会"的"欣"字，顾名思义就是"欣赏"，指的是借助会议活动，学会欣赏自己、欣赏同伴、欣赏团队。通过欣赏自己，更加清楚自己的优缺点，了解自己应该发挥什么样的特长、存在的差距、需要改进的方面；欣赏同伴，学习同伴在工作中的长处，以他人之长来弥补自己的不足，欣赏同伴先进的理念和好的价值观，也使被欣赏的同伴更加努力工作；欣赏团队，增进团队成员间相互了解、合作的能力，增进团队成员的团队意识，增强团队的凝聚力、战斗力。多年来，通过坚持开展"三欣会"，公司各团队能进一步认识自我，厘清思路,认定前进方向,从而增进了团队成员的相互了解,极大增强了团队合作力,促进了组织成员共同成长。

"四新会"积极开展批评与自我批评,"四新"即新反省、新承诺、新反馈、新方法。"新反省"——成功的人生不在于你有多少的不足之处,而在于你曾经改正了多少不足。"新承诺"——对自己新的反省和他人新的反馈进行梳理,对自己今后要成为一个什么样的人、应该在什么上作出新的承诺。"新反馈"——每个人都有自己思维的盲点,需要他人来跟你反馈。"新方法"——对他人的反馈,要虚心接受,做到有则改之无则加勉。党委对每一个党员提出"严格是大爱,合理的要求是训练,不合理的要求是磨炼",要求党员进行自我新反省、听取别人的新反馈、作出新承诺、写下新方法。

(四)常修情暖员工的"慧心",致力惠民工会的幸福党建

关心关爱员工,培育美好企业文化。党建工作与企业文化的有机融合,使党建工作找到了有效的载体,也让企业文化建设找到了重要的推力。从2007年起,公司每年拨款50万元,成立"爱心互助基金",公司党委及管理层根据职级捐款,员工一次性交纳40元并终身受益,为困难职工实施救助。截至2023年底,共救助困难职工600余人,发放救助款300余万元。为扎实做好妇女重大疾病的预防和救治工作,东磁公司联手中国人寿东阳分公司,为女职工量身定制了女性安康团体疾病保险产品,公司出资13万元,为6000多名已婚女职工购买了2份女性安康团体疾病保险。东磁建立工资集体协商制度,每年开展员工思想调查,畅通企业上下沟通渠道。仅2022年,公司党委就收到3000多条建议意见,经分类交办相关部门后,大部分得到整改落实。东磁设立无技能、学历要求的"爱心岗位",并开展"精准扶贫2帮1"活动,截至2023年底共吸纳建档立卡人员就业913名,支付薪酬近6000万元。2020年10月,在人社部、国务院扶贫办举办的全国就业扶贫论坛上，公司作为浙江省唯一一家企业代表作就业扶贫典型经验发言，受到广泛关注。

（五）常修恪守底线的"公心"，致力纪检监督的廉洁党建

横店东磁始终坚守一个初心——让员工过上好日子。员工始终坚定一个信念——"东磁靠我发展，我靠东磁致富"。清廉民企建设是企业和谐发展的内在基础，对推动民营经济健康发展具有重要意义。横店东磁以党的政治建设为统领，以清廉民企建设为主线，构建"党建引领，清廉护航""清廉体系，落细落实""清廉制度，律己律人""清廉团队，蔚然成风""清廉文化，绘就底色"的"五廉一体"模式，同时，全面扎紧廉政制度"笼子"，将清廉建设落实落地。

为此，公司成立了由党委书记担任组长的"清廉建设"领导小组，以"党小组建在班组上"为组织触点，各小组层层落实，并设立廉政办公室和专职工作人员，出台《廉政管理制度》《干部员工收受礼物的管理规定》等规章制度，强化各党小组落实，并积极开展反腐败监督、举报工作，形成相互制约、相互监督的良好机制。通过强化贯彻落实，思想上形成自觉接受监督的共识，制度上规范运行，责任自上而下，形成相互制约、相互监督的良好运作模式。

公司通过组织员工培训等方式方法，强化监督预防，打好廉政思想"预防针"。建立完善的廉政教育体系，梳理、发现、识别工程建设领域、采购领域等廉政风险重点领域，深入查找岗位廉政风险点，在不断优化完善选人用人、后勤管理、招标采购等重点领域制度的基础上，督促推进相关制度的落地执行，落细落实清廉体系。公司与供应商及每个关键岗位员工均签订了《廉洁承诺书》，由公司监察部负责接受举报，第一时间进行监督、反馈、查处，营造了廉洁高效的工作氛围，加强了公司廉洁管理，增强了员工的自律意识。2021～2023年，公司共监察违规违纪项目52起，廉政违纪5起，廉政违纪追缴金额达 20 万余元。

"这是我今天收到的,有个业务往来单位给的 5000 元现金,现在上交公司,请清点。"2021 年 6 月 4 日,公司廉政办公室出现了一幕员工主动上交红包的情景。在东磁,这样的事不是个例,而是全体员工的自觉行动,这也是公司自 2017 年制定并落实《礼品礼金上交管理办法》后,持续推进建设"清廉民企"的一个缩影。

公司将清廉文化融入"以客户为中心"的企业文化体系。为约束公司员工的行为,公司先后出台《干部员工收受礼物的管理规定》《任职回避与事务回避》《采购三环节管理制度》《东磁公司员工申诉制度》《干部离任考核制度》等一系列规章和制度,通过织密扎牢制度"笼子",进一步筑牢廉政建设"防火墙"。每次招聘新员工,公司都会把清廉要求作为必要条件,一旦员工面试通过,公司就会对预录取员工进行背景调查。同时,公司还会组织开展干部任前廉洁宣誓——"保证不接受下级的任何礼物,秉公办事;保证像对待亲人一样对待员工,接受监督。如有违反,甘愿受罚,接受查办"。公司打造清廉团队,蔚然成风,被日本电产、韩国三星等国际知名企业评为"优秀供应商",荣获博世全球最佳供应商大奖。

三、工作成效

东磁公司党委持续强化党建工作氛围,不断推进党建工作创新发展,企业党建责任体系日趋健全,党建基础全面夯实,企业得到快速发展。

(一)以党建激发企业创新活力

东磁认真贯彻党的组织路线,推行党委班子和管理层"双向交叉任职"制度,把党建工作融入中心工作、日常工作,一起部署、一起检查、一起考核，加强组织领导，拧紧责任链条。早在20世纪90年代，横店东磁就已经成为彩色电视机所用三大类磁材产品的世界第一生产企业。21世纪初，横店东磁提前谋划转换"车道"，凭着"快人一步"的敏锐和勇气，自行改造升级生产设备，挺进汽车、手机等新市场。为此，横店东磁通过党员带头攻关，以领导带头强责，落实"一岗双责"，化解一线难题。制定《党小组建在班组上考评办法》，促进任务细化落实，充分激活企业创新活力。合金党支部为提升顶锤装烧量，经过三个月的不懈努力，实现了每炉装烧量增加300千克，全年可增加产值近5000万元；塑磁二厂技术党小组开展"一模多穴"项目，使得生产效率提升50%；塑磁一厂党支部在回料的再次利用中，持续开展工艺试验，提升回料利用率85%以上，降低了生产成本。在公司党委的带领下，公司主动融入"双循环"新发展格局，加大全球优质市场的营销服务体系建设和市场拓展力度。以浙江横店为中心，先后在国内外设立了10多个生产基地和近20个本地化营销基地、仓储中心，建立了全球化的生产、物流销售和服务网络，以满足世界不同客户的需求。国内生产基地主要分布在浙江、江苏、四川、河南、广西、湖北、安徽等地，国外主要分布在印度及东南亚等地区；营销基地和仓储中心主要分布在德国、荷兰、法国、西班牙、波兰、日本、美国、巴西、澳大利亚等地。产品销往全球近70个国家和地区，公司收入中境外收入占比约60%。

（二）以党建激发员工实干热情

东磁通过开展形式多样、内容丰富的党建活动，学干结合、学用相长、互比互鉴，充分地调动企业员工的积极性，让党员员工自觉发挥先锋模范作用，更好地肩负起责任。横店东磁在发展过程中，也曾遇到难关。2019年，东磁发展陷入停滞期。面对人员心态浮动和管理困境，公司召集300多名管理人员前往古田，重温古田会议精神，强调东磁虽然走在前面，但是后面追兵很多，一定要"以客户为中心、以奋斗者为本"，重树作风形象，一路开新图强。东磁依靠党建引领，自力更生开展科技创新，拓展进入汽车、手机等新领域，成为国内最大的软磁铁氧体材料生产企业。公司先后荣获了"五星基层党组织""金华市非公有制企业'发展强党建强'示范单位""党建强发展强非公企业"等称号。2021年，公司党建工作再获肯定，被中国上市公司协会收编入《民营上市公司党建优秀案例》。2023年初，公司被授予2021-2022年度金华市清廉民企建设示范单位称号。

（三）以党建助推企业高质量发展

以党建促发展，是东磁多年的传承，也是公司实现跨越式发展的"密码"。多年来，公司党委坚持"党小组建在班组上"，探索出一条党建引领民营企业高质量发展的新路子。近年来，公司党委在全员开展全面质量管理建议的基础上，持续深化"支部定议题，党员找问题，党群破难题"主题党日活动，在产品创新、工艺改进、质量提升等环节，党员共提出47项攻坚破难项目，由各支部认领领衔攻关。永磁十五厂是公司专业生产高性能磁瓦的厂区，年产能达2万余吨，产品供给博世、法雷奥等国际知名企业。然而生产过程中，磨床料使用量不高、性能不一致等问题，一直制约着产品质量的提升。"如何提高使用量"成了支部的重要议题。2021年，该厂厂长兼党支部书记带头领办了该项目，组建了党员攻关小组，带领组员开展项目攻坚，通过对牌号性能一致的产品进行集中区域磨削，并经过25吨大料桶的搅拌、循环、脱水等工序，保证了产品性能一致。同时通过多次试验，对配方进行优化，使得DM4036磨床料使用量提高了20%，减少了预烧料用量，降低了生产成本，每季度为企业创造效益88.2万元。

横店东磁历经40余年的发展，已成为一家以磁性材料+器件、光伏＋锂电两大产业为主，拥有员工18000多人的高新技术民营企业。据统计，东磁公司产值从2003年的6.77亿元增长到2022年的194.5亿元，增长了27倍多；总资产从2003年的8.49亿元增长到2022年的176.1亿元，增长了19倍多；员工收入从2003年的1.4万元增长到2022年的11.5万元，增长了7倍多。公司先后获得中国电子元件行业协会突出贡献企业、国家科学技术进步奖二等奖、国家技术发明奖二等奖、中国专利优秀奖、国家绿色工厂等荣誉。作为全国磁性行业龙头企业，横店东磁不仅多年来一直稳居东阳市第一纳税大户，还通过技术带动和业务外溢，壮大了磁材产业，让越来越多的人走上了致富之路。

四、经验与启示

（一）发挥党委把关定向作用

公司以制度规范履职，认真履行党建工作专责，健全党委参与企业决策机制，以上率下强化齐抓共管，形成责任层层落实的良好局面。党建是企业促进生产力发展最高效、最持久、最有战斗力的武器。在重要时间节点，公司党委带领核心团队先后赴井冈山、古田、遵义等红色教育基地，汲取精神力量，总结剖析公司现状，明确未来发展方向，统一思想再出发。

（二）加强创新平台建设，以科技创新塑造发展新优势

人才是创新的根基，创新驱动实质上是人才驱动，为了增强竞争力，横店东磁党委始终坚持"人才强企"战略，引导公司建立了国家级企业技术中心、东磁研究院、国家级博士后科研工作站等多个创新平台，搭建人才成长平台，加强基础性前沿性研究和成果转化。

（三）党小组建在班组上，破难攻坚在一线

班组是企业的"细胞"，是企业最基层的生产经营和管理单位。早在2012年2月，公司党委便提出党建工作新思路，以班组为单位成立党小组，党小组成员由党员、预备党员、入党积极分子、团员和优秀员工组成。每个党小组设有组织、家庭、学习、生活、纪律等委员，负责对应的各项活动及工作的开展。"党小组建在班组上"，作为东磁党建的一大特色，达到了员工感情联络最深化，学习成果最大化的目标。

回望企业发展史，以党建促发展，是横店东磁实现跨越式发展的"密码"。横店东磁作为绿色能源领域的佼佼者，党建不仅激活了企业"细胞"活力，为企业发展提供了能量，还为横店东磁事业注入"根"和"魂"，疏通"经"和"脉"，形成了"党建促发展，发展促党建"的良性循环，保持了党建工作与经济发展共赢的良好局面。

第五节　浙江梅轮电梯："四心四力"，营造"上""下"同欲世界范

浙江梅轮电梯股份有限公司[①]发扬"合心接力，传动创新"的企业精神，强化党支部建设，打造"五爱"（爱企业、爱工作、爱学习、爱家庭、爱生活）、"四献"（孝心献父母、爱心献社会、诚心献他人、信心献自己）、"三有"（有纪律、有专长、有担当）、"二亮"

[①] 本书关于浙江梅轮电梯股份有限公司的所有资料均为本书课题组调研成果，且得到浙江梅轮电梯股份有限公司授权发布。

（党员干部亮身份、亮承诺）、"一心"（党组织与企业管理层"双向进入、交叉任职"）构成的"54321"党建工作要求体系，锻造"敢怀雄心、独具匠心、携手同心、传递爱心"的党员骨干，培育企业的"正直力、创造力、凝聚力、文化力"，形成"四心四力"党建品牌，推进企业高质量转型发展（见图4.5）。

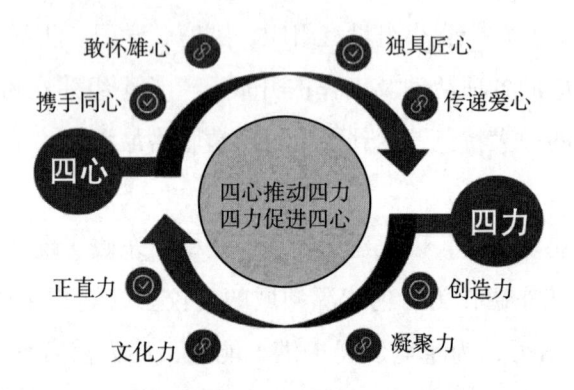

图4.5 梅轮电梯"四心四力"党建工作品牌

浙江梅轮电梯股份有限公司最早是一间打铁铺。1978年3月，"梅林打铁铺"成立，以制作加工铁钉、镐头和锄头等农具为主。1983年5月，梅轮打铁铺购进第一台重型设备——空气锤，开始生产专门提供给船舶停泊用的铁锚。经过3年的努力，梅轮几乎包揽了浙江省内航运公司、杭州湾及近海一带的捕捞船舶的铁锚供给。1990年3月，"梅林打铁铺"更名为"梅轮机械齿轮厂"，主要生产电梯、自动扶梯及纺机所用的齿轮和链轮，以及自动扶梯的主驱动和扶手驱动，与电梯加工行业正式接轨。1998年3月，梅轮机械齿轮厂生产的第一台自动扶梯出厂，正式跨入自动扶梯整机生产行列，并开始为电梯整机厂提供OEM生产。2002年，"绍兴梅轮电扶梯成套有限公司"成立。2006年1月，公司成立党支部，为企业发展注入新的动能。2006年5月，"富士力"电梯问世，由此，梅轮电梯完成了由小手工作坊到小型轻工产品，再到大型工业配件发展的跃迁，走上了由单纯手工劳作向技术型转型的现代化企业发展道路。2017年9月15日，梅轮电梯在上交所鸣锣上市，成为浙江省第一家主板上市的电梯企业，成就"梅轮走向世界"的品牌价值。

一、党建思路

梅轮电梯始终坚持"守初心、担使命，做好本职工作，使梅轮走向世界"的目标指引，着力打造"四心四力"党建工作品牌，以党建引领发展。通过强化对党员骨干"敢怀雄心、独具匠心、携手同心、传递爱心"的锻造，激发党员骨干的担当精神、创新思维、团结协作意识和社会责任感，带动形成企业的"正直力、创造力、凝聚力、文化力"，营造上下一心、团结一致、争先创优的良好氛围，助推企业健康快速发展。

二、创新做法

（一）坚持"敢怀雄心"增强"创造力"

"让梅轮走向世界！"为了这一使命，梅轮特别注重党建引领人才队伍建设。公司在章程中明确提出，根据《中国共产党章程》的规定，设立共产党组织、开展党的活动，为党组织的活动提供必要条件。公司坚持思想引领，坚定正确方向，通过"双向进入，交叉任职"推进公司管理层和党组织同频共振，积极推行"双向培养"模式，把党员培养成工作骨干，把工作骨干培养成党员，做到关键岗位有党员，攻坚克难看党员。在党建引领下，公司成功引进中国科学院院士并设立院士专家工作站，先后自筹建设省级企业研究院、国家级实验室，科技研发项目成功列入浙江省重点研发计划项目。公司注重党员"传帮带",激发年轻员工的创新意识和创造力,提高创新能力和实践能力。梅轮电梯原先主要以制作配件为主,1998年,公司走上转型升级和自主研发整套电梯的道路之后,接踵而来的就是各种技术难题。面对成套电梯的图纸,3名党员总工程师发扬"啃骨头"精神,领着技术团队轮番上阵,把车间当成"家",连续通宵攻关技术难题,用不怕失败的韧劲鼓舞着其他工作人员,最终"啃"下了一块又一块技术上的"硬骨头",公司也随之茁壮成长。截至2023年12月31日,公司及子公司拥有400余项授权专利权,掌握了电梯设计及制造的核心技术,如永磁同步技术、能量回馈技术、运行中可变速技术、目的选层智能技术等,在电梯安全可靠性、舒适性(振动和噪声控制)以及智能化控制方面达到了先进标准。

(二)坚持"独具匠心"增强"正直力"

"从打铁的人到铁打的人,打铁还需自身硬"。在40多年的成长过程中,梅轮电梯经历了"起源""发展""完善""创新"阶段,留下了一个个里程碑式的足迹,不忘初心,砥砺前行。"人本、责任、奉献"是企业的核心价值观,梅轮重视人才、培育人才,公司持续开展产品知识培训、生产质量体系培训、安全培训、新员工培训,激发员工的工作动力,对于参加培训的员工,公司会安排其他工作人员暂代他们的工作,让他们能够安心学习。公司加强对党员的培养和考核,培养优秀青年入党,搭建后备人才梯队,建立企业核心岗位人才库。正是在"独具匠心"的锻造下,梅轮从打铁铺起家,从简单的农具、船锚制造,逐渐增添科技含量,具备了生产齿轮的技术能力,后通过转型升级、技术创新和科学管理,最终建立起高端电梯研发生产平台,走出了一条从无序到有序,从初级加工到现代化生产的成功之路。随着公司的发展壮大,梅轮企业文化不断得到沉淀和发展,逐步形成了以"铁打"精神为核心的企业文化体系。

公司注重加强党性教育和诚信机制建设，"清廉梅轮，企正行远"，培养党员的正直品质和言行一致的工作态度。向社会和政府承诺不偷税、不漏税、不投机，不忘初心、牢记使命，以感恩之心奉献社会，投身公益，回报社会。制定诚信准则和行为规范，明确诚信要求；制定《廉洁风险防控基本原则、要求与程序》，建立廉洁风险防控机制，通过线上、线下两种监管模式对各个部门进行监控，并通过党、工、团、妇等组织，采取走访、民主互评、清廉投诉信箱等模式开展工作，把清廉之风落实到心里。近年来，梅轮的"正直力"从企业走向行业，梅轮积极参与电梯行业国家标准制定、行业团体标准制定、企业标准制定，用多年的行业从业经验促进行业变革。

（三）坚持"携手同心"增强"凝聚力"

"合心接力，传动创新"是公司的座右铭。公司不断加强激励制度和利益共享机制，激励公司员工在工作岗位上充分发挥才能，提升员工的向心力和凝聚力。公司党支部除了开展主题党日活动，还经常组织开展体育运动会、职工疗休养、红色旅游等，在强身健体的同时提振员工的精气神。党支部通过组织团队建设活动、交流分享会等形式，促进党员之间、党员与员工之间的沟通与合作，形成良好的工作氛围和团队精神。40多年来，从团队到个人，梅轮的党员们在岗位上发光发热，书写一个个励志的奋斗故事。56岁的销售总监依然努力奋斗在一线，连续出差学习、接待客户上门等，抢着做公司的各种事务。他说，自己出一份力不仅是为了企业发展的需要，也是为了给集体争取荣誉。像这样的党员，在梅轮还有许多，他们分布在研发、生产、销售、管理等各个部门，就像一颗颗坚韧的"铆钉"，坚守在自己的岗位上，支撑起公司这台"大机器"。

（四）坚持"传递爱心"增强"文化力"

企业党建与企业文化建设密切相关。梅轮电梯创新之处在于，将两者有机结合起来，形成共同的目标和价值观，促进企业的发展和进步。公司致力于打造"以质量为核心、以服务为重心、以客户为中心"的工作理念。公司党支部注重发挥党员的先锋模范作用，在车间、部门设立党员示范岗、党员责任区等形式，鼓励党员在工作中争先创优、勇挑重担。同时，党支部还开展了"亮身份、树形象、做表率"等活动，激励党员在日常工作中发挥模范带头作用。积极引导党员关心他人、服务群众，通过参与社区志愿服务、社会公益等活动，培养党员的社会责任感和奉献精神。走进浙江梅轮电梯股份有限公司，在路边随处都能看到写有党员责任区的标牌。梅轮为每一位党员都划了"包干区"，要求每天完成清洁等任务。通过这样的方式，培养员工的责任意识，也让他们更有归属感。

三、工作成效

通过"四心四力"的打造，公司党员素质和能力明显提升，企业内部的创新活力和发展动力进一步激发，有力推动企业高质量发展。

（一）抓党建促发展，创建一流企业

公司团队的凝聚力和向心力明显增强，形成良好的工作氛围和团队文化。经过40多年发展，梅轮电梯公司拥有职工600余人，党支部在册党员33人；拥有1位中国科学院院士与1位俄罗斯外籍院士、6位高级工程师。公司已成为集产品研发、制造、安装及服务的国家级高新技术企业，国家专精特新"小巨人"企业，国家知识产权

示范企业，荣获"全国智能制造优秀场景单位""两化融合管理体系""中国绿色节能环保品牌""浙江省企业技术中心""浙江省信用管理示范企业"多项荣誉。2021年以来，公司自主研发的30个项目通过省级科技成果鉴定，其中多个项目被评为国家火炬计划项目、省级首台套、省级高新技术产品、浙江制造、省级重点研发计划项目。

（二）抓支部促生产，制造一流产品

梅轮电梯的生产效率、产品质量以及整体服务水平得到显著提升。2023年，公司采购提前期缩短40%，紧急采购率降低至10%；料况需求计算作业压缩至30分钟/次，停工待料时间减少50%；生产能力提高15%，缩短生产周期25%左右；接单作业时间缩短40%，总体缩短交货期20%天左右。2023年，梅轮产品销售额比上一年增加了20%，市场占有率进一步提升。企业财务部门缩短了应收款项的回收期，给企业增加了流动资金，提高了投资机会，增加了利息收入。售后服务部门不断提升服务水平，工作人员24小时在线，耐心受理并解决客户问题，梅轮产品好评率逐年上升。

（三）抓管理促效率，建设一流产线

梅轮电梯党支部注重党建工作与企业管理的有机结合，通过加强组织建设、制度建设等方式，优化企业内部管理体系和流程。在党建工作的推动下，企业的内部管理得到了进一步优化，管理效率得到了提高。公司制定了企业信息化及智能工厂建设目标，依托涵盖全流程的信息化系统，提高数据流、信息流、资金流的时效性及有效性，并通过产线的数字化和自动化改造，大幅度提高企业整体的智能化水平，荣获"省级工业互联网平台企业"认定、浙江省5G全连接工厂、浙江省首批数据官企业等多项荣誉。

四、经验与启示

（一）加强党建工作顶层设计

梅轮电梯推进"党建入章"，建立行政管理层和党支部"双向进入，交叉任职"制度，制定与企业发展战略相一致的党建工作计划，将党的建设与企业发展目标相结合，明确党建在企业发展中的重要地位和作用。在队伍建设过程中实行"双向培养"，把党员培养成工作骨干，把工作骨干培养成党员，做到关键岗位有党员、攻坚克难看党员。

（二）结合企业文化开展党建

通过"四心四力"工作模式，梅轮将党建工作与企业文化相结合，开展党性教育、理想信念教育等课程，加强党员队伍的建设和培训，提高党员的政治素质和组织观念，坚定理想信念、牢记党的宗旨，增强"四个意识"、坚定"四个自信"、做到"两个维护"。同时，加强党员的党风廉政教育和纪律约束，保持党员的先进性和纯洁性。将党的优良传统和价值观融入企业文化中，形成具有特色的企业文化体系。

（三）党建带群团助企业发展

梅轮公司各项团体活动内容丰富，党支部在其中发挥重要作用，通过党建带群团，加强员工身体素质的同时提起精气神，不断提升组织凝聚力。梅轮通过开展群众性技术创新、岗位练兵等活动，激发员工的积极性和创造力；通过加强员工培训、关爱员工福利等方式，提高员工的技能水平和工作效率；通过加强企业内部的沟通与协作，促进员工之间的交流与合作，形成良好的工作氛围和发展环境，推动企业的高质量发展。

第六节　红五环集团股份有限公司：红色"聚五环"，提升活力"红五环"

红五环集团[①]始终将党建工作作为推动企业发展的重要力量，坚守"政治上成熟，让党放心"的承诺，以"党建引领、创新驱动、凝心聚力、共谋发展"为核心理念，充分发挥党委的领导作用，以"红色领航"工程为载体，积极探索"党建+"模式，推动党建工作与班子、载体、人才、文化和责任"五大融合"，打造红色聚能、聚力、聚智、聚心、聚形的"红五环 五环红"党建特色品牌，探索出一条企业党建与企业发展"活力和谐、合作共赢"的有效路径（见图4.6）。

图4.6　"红五环"党建工作机制

红五环集团位于衢州，创立于1997年，集团商标的五个红环代表科技、生产、市场、社会环境和企业员工。集团自创立以来，以空气动力为核心，以工程掘进为重点突破，进行上下游的产业链整合，

[①] 本书关于红五环集团股份有限公司的所有资料均为本书课题组调研成果，且得到红五环集团股份有限公司授权发布。

探索出一条绿色发展之路。集团成立之初只有3个人，1998年6月，经衢州市委组织部批准，公司成立党支部，2009年8月升格成为党委。集团专注于空压机、凿岩机等高端装备制造，截至2023年，集团年产20万台套各类设备，年销售额达10亿元，是国内实力最雄厚的空气压缩机、钻凿机械制造龙头企业之一。红五环自主研发生产的全液压钻机已在黑龙江、内蒙古、新疆等多个重要矿区矿井推广应用。截至2023年底，红五环集团拥有职工700余人，有在册党员68人，流动党员24人。荣获"浙江省先进基层党组织""全国模范劳动关系和谐企业"荣誉称号。习近平总书记在浙江工作期间，曾于2002年12月29日和2005年9月6日先后两次到红五环集团调研。20多年来，红五环牢记习近平总书记殷殷嘱托，秉持"党建强、发展强"理念，探索出一条党建引领企业高质量发展的路子。

一、党建思路

坚持从体制上确立党组织在企业中的核心地位和政治优势，积极推行"双向进入、交叉任职"，将党建工作视角聚焦在企业与社会、企业与发展、企业与职工之间"和合"关系的构建上，把党建工作融入企业经营管理全过程，推进"和合共同体"创建，打造以"聚能环、聚力环、聚智环、聚心环和聚形环"为主要内容的党建"红五环"品牌，实现党建工作和企业发展的互促共赢。

二、创新做法

（一）打造红色"聚能环"：推进班子融合

1. 完善"双向进入、交叉任职"领导体制

公司党委积极推动班子建设双向互动，构建了公司党组织与

经营组织的一体化组织架构。集团董事长担任党委书记，技术总工程师、副总经理担任副书记，党委委员由技术部、生产部、制造部、集团办等部门领导担任，6名子公司和直属支部的党支部书记由行政负责人担任，其他管理层党员担任党支部的支委，红五环高层的党员占比75%。实现公司党建与生产管理决策统筹安排、同频共振。

2. 落实"三联三帮"工作机制

建立党委书记联系部门负责人、党委班子成员联系中层骨干、党员联系职工群众制度。通过民主恳谈会、党群议事会、党企联席会，广泛听取意见建议，为企业生产经营献计献策。2021~2023年，集团先后组织党员中层干部、党员业务骨干对照合格党员标准查找问题220条次，围绕企业经营管理参与重大决策8项。

3. 推进党建带群建工作格局

公司党委将党组织延伸到党小组层级，扎根在每个车间、每个研究院。把工青妇工作纳入党建工作整体格局，学习教育活动和工作安排同规划、同部署、同检查、同考核。建立岗位相互兼任、活动相互通报、会议相互列席、决策相互咨询等四项制度，促进党群各类资源更加整合、力量更加凝聚、服务企业职工的作用更加明显。

（二）打造红色"聚力环"：推进载体融合

1. 实施"天路行"计划

自2002年开始至今，每两年一次由党委书记、董事长带队，从衢州出发一路自驾行车翻越唐古拉山至西藏拉萨，沿途参观红色景点遵义会议会址、重庆渣滓洞、红岩、汶川地震博物馆，拜访经销商、服务客户，以行万里路的方式，开展党性教育，磨砺品质意志，提升党员职工在恶劣环境下的逆境成长能力。截至2023年，公司党委已开展"天路行"活动8次，共组织800多名党员职工行程9万余公里。

2. 党员结对帮带

公司党委组织技术、生产、营销、管理等重要岗位党员骨干与新员工结成帮带对子48个，开展思想"一带一"、业务"一帮一"活动，促进新员工尽快熟悉工作业务、融入工作团队。2012年，由党员技师徐建雄领衔创办技能大师工作室，重点研究新工艺工装制造、新产品开发。工作室的成立既推动了"传帮带"作用的发挥，也为企业技能人才培养和技术创新提供了一个技术交流的平台。2013年徐建雄被评为浙江省技能大师工作室领办人，因工作出色被评选为浙江省优秀工作室和衢州市重点工作室；2014年被评为国家级技能大师工作室领办人，2021年被评为浙江省高技能人才（劳模）创新工作室。近年来，该工作室通过各种形式培养选拔了一批技能人才，共计100多人获得技能等级证书，其中高级技师4名、技师10名、高级工120名，先后获评浙江省技能大师1名、浙江工匠1名、浙江青年工匠1名。

（三）打造红色"聚智环"：推进人才融合

1. 实施人才"四优先"制度

公司党委坚持"以人为本"理念，将党员人才视为企业发展的中坚力量，通过建立"党员人才优先引进、党员职工优先培养、党员骨干优先提拔、优秀员工优先发展"的"四优先"制度，推动党员发展与人才培养良性互动、互促共赢。

2. 倡导岗位建功

公司积极发挥青年党员大胆创新、充满激情、富有活力的特点，建立"卓越工程师党小组""技术攻关党小组""生产突击党小组"等青春党小组12个，开展"青春在岗位闪光"主题系列活动，激发青年党员创新热情，引导和组织青年党员职工发挥技术特长，在生产攻坚、技术改造、新品开发、市场拓展等方面为企业出谋划策、排忧解难。近年来，由青年党员创下的20天研发6款新型小空压机、15天生产11台大型移动螺杆空压机和中型钻车等工作佳绩，不断刷新公司纪录。

3. 实施"青年干部训练营"计划

对业绩突出、贡献较大的，公司党委及时将其纳入后备干部培养对象予以重点关注和持续培养。公司从"80后""90后"当中挑选德才兼备、业绩突出的25名青年党员作为企业中层后备力量予以重点培养，通过开展轮岗工作、交叉任职、市场磨炼、继续教育等方式，全方位锻炼青年干部业务、管理、决策等综合能力，为公司跨越式发展提供充足的人才梯次储备。

4. 实施"卓越工程师"计划

深化"校企合作"，红五环与西安交大、衢州学院、浙师大联合办学，设立3000万元合作基金，开展"2+2卓越工程师"培养，开设"红五环卓越工程师班"，先后选送78名优秀党员职工进入高校学习深造，并落实严格的考勤考学制度，提高员工队伍的科研技术能力。

（四）打造红色"聚心环"：推进文化融合

公司党委坚持"发展为先、职工为本、基层为重"的原则，推动党建红色文化与企业文化有效融合，积极培育集和谐之家、温馨之家、活力之家、文化之家的"家"文化。

1. 创建"和谐之家"

集团发挥党组织密切联系职工群众的优势，落实"四必谈五必访"工作制度，加强思想沟通、教育引导、权益维护，让员工安心留企、自觉爱家。2020~2023年，公司累计走访职工165余人次，帮助解困45余个家庭，发放慰问款物达36万余元，其中，为患白血病的职工子女捐款10万元，为患肺癌的职工家属捐款3万元，帮助解决燃眉之急。

2. 创建"温馨之家"

集团主动关心关爱职工生活，投入资金24万元为每个车间班组配备饮水机，改善员工生活住宿条件，筹措资金50余万元建立"红五环"关爱基金，为职工提供住房补贴、交通补贴，职工生日当天送上鲜花蛋糕，春节送外地大学生回家过年，暑假组织职工子女开展夏令营活动，全方位地满足职工生活所需，清除后顾之忧，让职工干得舒心、留得暖心。

3. 创建"文化之家"

集团寓教于乐，积极组建合唱团、排舞队等参加园区组织的文化艺术节，有效丰富了职工的精神文化生活。建立"活力之家"，积极发挥群团组织作用，联合工会、团委、妇委会组建垂钓、书法、自行车等文体社团，定期组织开展趣味运动会、歌咏演讲比赛、周末骑行等丰富多彩的文体活动。

（五）打造"聚形环"：推进责任融合

公司党委坚持"以义为先、义利兼顾"的工作理念，在聚焦企业发展的同时，积极培养企业员工社会责任感，推动企业以实际行动关心社会、回报社会，树立良好的社会形象。

1. 主动为中心工作服务

2019年，红五环集团收购中国凿岩机第一品牌"沈风"。"沈风"是20世纪50年代苏联援助中国的156项工程之一，因种种原因被国外资本收购，红五环通过各方努力，使这块民族品牌得以重新回到祖国怀抱。近年来，集团紧紧围绕浙江省委、省政府提出的"五水共治"、美丽乡村建设等重要决策部署，主动与厂区周边农村结成治水对子，认领黑臭河、垃圾河 2 条，通过捐款捐物 5 万余元、组织公司党员职工 500 余人次开展志愿服务助力治水护水，有效改善了厂区周边的水环境状况。2014 年，集团与衢州岭洋乡对接，精准扶贫 20 户年收入在 4600 元以下的贫困户；到龙游沐尘乡慰问老党员，开展"造血扶贫"。红五环用这种方法，回报当年奉献革命的老党员，让他们子孙后代都能享受到改革开放的成果。

2. 主动为创造就业担责

集团专门设置岗位，招收退役军人 110 余人，组建公司民兵连，配合地方民政局、人武部应对突发情况，开展救灾救援工作，较好地解决了退伍军人角色转换慢、作用发挥难的问题。集团积极参与公益招聘活动，吸收就业困难人员 366 人，帮助解决困难群体再就业。

3. 主动为公益事业出力

集团积极参与抗震救灾，2014 年向云南鲁甸地震灾区赠送价值 56 万元的 80 套凿岩机、潜孔钻机等设备。8 次天路行途中，集团为西藏那曲第三小学孤儿捐款捐物、结成帮扶对子，并将其中 30 名师生接到浙江考察学习。10 年内集团累计动员 500 余位党员职工无偿献血 15 万余毫升。集团在衢州学院、衢州二中、衢州实验学校、衢州技师学院等 6 所大中小学设立超过 1000 万元"红五环教科研奖励基金"，用于奖教奖学。集团开展助力山区 26 县高质量发展劳模志愿服务 21 次，服务企业 12 家，产生经济效益 200 万元。

三、工作成效

（一）企业发展成为行业先导

红五环集团通过党建工作引领企业发展方向，注重班子融合，打造红色聚能环,确保企业决策的科学性和正确性。党组织发挥领导核心作用,参与企业重大决策,为企业发展把方向、管大局、保落实。公司成立以来,在党委引领下,集团从创业之初的"一台矿山机,一台凿岩机"到收购民族品牌"沈风",从"一幢旧厂房、两口池塘的基础设施"发展为"世纪大道903号现代化花园式工厂,905号红五环重工厂区,东港两个专业化厂区,上海浦东一幢红五环大楼现代化厂房群",从"一对中年夫妻、一个门卫、一个搬运工的4人小厂"到"全国空气动力和工程掘进行业的顶梁柱企业",红五环走出了一条高端装备制造气机动力一体化行业先导的高质量发展道路。

(二)企业创新能力明显增强

红五环集团将党建工作与创新驱动相结合,注重人才融合,打造红色聚智环,通过加强创新意识培养、建立创新激励机制等措施,激发了党员和员工的创新活力和创造潜能。在党建工作的推动下,红五环集团的创新驱动发展取得了显著成效,为企业的发展注入了新的活力和动力。集团深入实施创新驱动核心战略,大力推进"两化融合、智能制造"建设,积极推进卓越绩效管理,重视技术创新、产品创新、营销创新、模式创新、理念创新,依托"红五环省级企业技术中心""红五环省级企业研究院",布局物联网,打造智能工厂项目。参与国家标准起草5项,参与行业标准起草7项,参与浙江制造标准起草1项,拥有专利100多个,其中发明专利7个。与浙江大学、西安交通大学、中国地质大学、中国通用机械研究院等多家科研院所建立了紧密型的合作关系,具有强大的产品研发能力,为企业的长远发展奠定了坚实基础。

（三）劳动关系更加和谐

红五环集团打造红色聚心环，关注员工的成长和福祉，构建和谐的企业文化。企业不断完善员工的职业规划和晋升机制，通过"企业专业订单班""2+2卓越工程师培养班""现代学徒制班""退伍军人大专班"等方式，形成"五共育才"的产教融合"红五环模式"，为员工提供多样化的培训和发展机会。集团公司坚持以1∶1∶1的比例开展对员工队伍的培养，即1名装配工人、1名工程师、1名销售员。最多的时候集团拥有100多位中高级职称的技术人员，其中享受国务院政府特殊津贴的教授级高工、高级技师10名。同时，党组织还积极开展员工关爱活动，如慰问困难员工、举办员工文化节等，增强员工的归属感和幸福感。2019年，红五环入选"浙江省首批产教融合型试点企业"。

四、经验与启示

红五环集团历经20余年的磨砺，实现了从"衢州制造"迈向"衢州智造"的华丽蜕变。集团发展势头强劲，业务范围不断扩大，产品质量稳步提升，市场竞争力明显增强。集团将党建工作与企业发展紧密结合，推动企业的健康持续发展。

（一）坚持党建引领，确保企业正确发展方向

红五环企业文化的核心是党建工作。"政治上成熟，让党放心"，是红五环创始人对自己的要求、对全体党员职工的要求，也是红五环集团党组织郑重的承诺，更是企业抓好非公党建工作的目标和灵魂。红五环集团在党建工作中始终坚持党的领导，确保企业的发展方向正确。党建工作是企业发展的重要保障，只有坚持党的领导，才能

确保企业在复杂多变的市场环境中保持正确的发展方向，在激烈的市场竞争中立于不败之地。企业领导层要树立正确的政治意识和大局意识，将企业的发展融入国家和社会的发展大局中来考虑和谋划，将党的方针政策转化为企业的发展动力，推动企业不断向前发展。

（二）加强组织建设，提升凝聚力和战斗力

红五环集团通过加强党组织建设，提升了党组织的凝聚力和战斗力，使党组织成为企业攻坚克难的重要力量。红五环集团从最初只有3名党员，到最辉煌时期1200余名员工中在册党员126名，自始至终，企业都做到了关键岗位有党员，重要岗位上党员起模范带头作用。在红五环，一名党员就是一面旗帜，在技术、营销、生产、行政管理等重要岗位都是党员冲在一线，党组织发挥战斗堡垒作用，带领员工攻坚克难，推动企业不断向前发展。红五环的实践表明，依靠党组织这个最坚实的后盾，民营企业可以行稳致远。

（三）关注员工发展，构建和谐的企业文化

员工是企业最宝贵的资源，他们的积极性和创造力直接关系到企业的兴衰成败。红五环集团通过党建工作，将员工的成长和发展放在重要位置，努力构建和谐的企业文化。在党建活动中，注重员工的参与和体验，通过多样化的培训和交流活动，提升员工的专业素质和技能水平。同时，企业关注员工的身心健康和职业发展，为员工提供多样化的职业发展机会和福利待遇。这种以人为本的企业文化不仅增强了员工的归属感和忠诚度，还为企业的发展提供了强大的精神支撑。此外，通过党建工作加强员工之间的沟通和交流，增进彼此的理解和信任，营造积极向上的工作氛围。这种和谐的企业文化不仅提高了员工的工作效率和创造力，还为企业的稳定发展奠定了坚实基础。

第七节　台州路桥："六链融创"，闯出产业发展"加速度"

台州市路桥区探索把党组织建在产业链上，通过"六链融创"工作法，建立"一个牵头部门、一个工作方案、一套支持措施、一条龙企业联动"的产业链党建联建工作机制（见图4.7）。①

政治引领组织链　　创新提升数字链

"益企同心"服务链　　"六链融创"　　联建共享发展链

加大引育人才链　　结对帮扶共富链

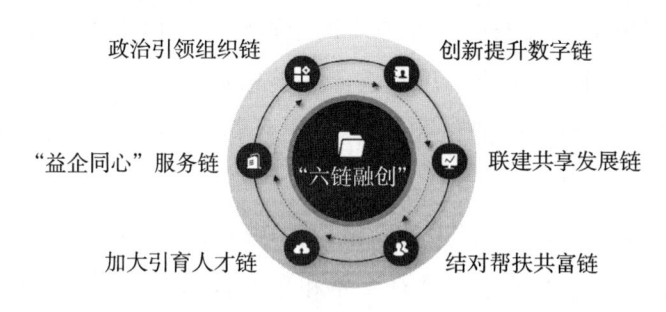

图 4.7　台州路桥区产业链党建"六链融创"工作法

台州路桥区聚焦支柱产业，组建了6条区级、7条镇级产业链联合党委，涵盖210家上下游企业党组织，以"1+3+X+N"管理模式，构建全链条联动、全要素参与的产业链党建联建发展路径，有效打破发展壁垒，以"党建链"带动"产业链"提质增效，成为民营经济高质量发展新引擎。

一、党建思路

"六链融创工作法"是指把党组织建在产业链上，通过组织链、

---

① 本节内容为本书课题组调研成果，且得到中共台州市路桥区委组织部授权发布。

数字链、发展链、服务链、人才链、共富链"六链"融合创新，协同赋能。

政治引领组织链。由各镇（街道）、经开区根据各自的重点产业链优势分链组建产业链联合党委，以链主企业为核心、规上企业为主体、行业"单打冠军"和专精特新"小巨人"企业为重点，吸收产业主管部门、行业协会商会、科研院所和金融机构等单位党组织参加，变单纯经济、合同关系为组织、同志关系，降低沟通成本，增强感情认同。

"益企同心"服务链。推进"助企百晓"，扎实开展"为企办实事、服务当先锋"活动，开通联合党委惠企服务热线，结合链上企业发展实际，每条产业链组建一个红色帮帮团，为企业发展提供"兜底式""保姆式"服务。

加大引育人才链。推进产业链党建联建企业树立人才共享理念，共同建立产业链相对应的科研人才和专业技术人才等人才库，以业务项目为抓手，组团开展联合攻关、相互检查等推动企业加强横向协作。

创新提升数字链。推进企业智能化改造，打造以"未来工厂"为标杆、以智能工厂、数字化车间为主体的新智造群体，推进自动化（智能化）成套装备改造，推动制造业企业向全环节数字化发展。

联建共享发展链。以企业重点业务项目为抓手，组织首席专家、智库单位为链上企业发展把脉问诊，助力企业突破发展瓶颈。搭建一批产业链合作载体和平台，增进产业协同，实现错位发展，推动整体产业链做大做强。

结对帮扶共富链。实施"红链兴村、百企助坊"行动，产业链联合党委要共同结对1个以上经济薄弱村，推动链上企业与结对村资源无缝衔接，引导链上企业参与共富工坊经营，帮助发展壮大村级集体经济，实现发展红利互惠共享。

二、创新做法

(一)"组织链"嵌入"产业链",聚发展合力

组建联合党委,让企业"链得上"。产业链联合党委统筹管理重点企业、上下游关联企业单位党组织,吸纳未建立党组织的产业链小微企业加入,并组建跨企业合作攻坚党小组,构建产业链党委"统揽全链、协调各方、聚合资源、服务发展"的格局。产业链联合党委组织体系可表述为"1+3+X+N",其中"1"为联合党委书记,由所在镇(街道)、经开区主要领导担任;"3"为专职、兼职、轮值副书记,专职副书记由下派的退出领导岗位的干部担任,兼职副书记由镇(街道)、经开区副职领导担任,轮值副书记由联建成员单位党组织书记轮流担任;"X"为联合党委委员,由重点企业党组织书记担任;"N"为助企服务员、企业党建指导员、红领英才师等组成的"益企同心"服务团队,并明确1名镇(街道)、经开区干部担任专职秘书。如机电产业链联合党委管理17家链上企业党组织,带动10家小微企业成立党组织,组建15个产业链合作攻坚党小组。

搭建四级架构,让企业"链得紧"。明确区领导担任产业链链长,一个区级部门联系,形成产业链党委牵头负责、区级部门协调联动、链上组织具体执行的"党建工作组织链"。健全定期议事机制,产业链联合党委实行"周会商、月联席、年大会"工作制度,传达学习党委政府决策部署,研究解决党的建设、产业链培育、企业发展中遇到的困难和问题;鼓励联合党委创新活动形式,通过"政企、银企、企企"对接,进一步提升联合党委凝聚力。建立活动轮值机制。产业链联合党委采取"一月一轮值"的形式,由联合党委成员单位轮流牵头,组织链上企业开展党群活动、项目研讨、供需对接、

专题讲座、交流联谊等，确保"月月有活动、次次有主题"，实现党建互学、发展互促，切实提高联合党委常态化运行质量。

明确运行规则，让企业"链得实"。制定《党建联建规范化运作细则二十条》，明确运行规范，包括联建标识、联建品牌、议事厅、办公室、示范点要"五个有"；联建章程、人员职责、议事规则、工作清单、坐班时间"五个定"。建立项目清单。围绕产业链发展、人才、服务等方面需求，制定"1+N"项目清单，每年年初每个联合党委至少谋划1个跨企业共建项目，N为联合党委成员单位个性化项目，并明确重点任务、具体要求、时间节点和责任成员。明确"三个走遍"要求。产业链牵头部门每年要走遍链上企业，联合党委每季度对链上企业进行一轮全覆盖走访，联合党委专职副书记每两月对链上企业进行全覆盖走访，做到链上企业底数清、生产经营状况明、企业党建情况准。建立联席会议机制，推动联建单位共商对策、共议大事、共解难题。

（二）"创新链"融入"产业链"，注发展动力

事业共创实现一体发展。开展主题党日、企业家"围炉夜话"、"共富圆桌派"等各类联建活动，凝聚思想共识，破解发展难题。在项目招引中，探索整链招商模式，精准强链补链，促进上下游企业均衡发展。在企业扩容投产中，链上企业上下联动、信息互通，避免产能过剩。

资源共享实现要素优配。梳理链上企业资源清单，共享闲置厂房、创新平台、人员力量、仪器设备等各类软硬件资源。围绕企业"卡脖子"难题，依托市、区级"500精英计划"创业创新园和"一镇一平台"建设，实现工程师、实验室共享，避免产业链创新研发"小企业养大人才"的矛盾。针对链上企业用工需求不平衡问题，实现企业间员工共享。如高端电摩产业链联建成员明德灯饰每年5~10月是用工淡季，产业链党委组织明德的工人到保镖电子、飞达科技等

企业工作，实现稳岗就业、稳产满产。

发展共促实现提质换挡。启动"人才强链"工程，省级科技领军企业、国家级博士后工作站成功实现"零的突破"，新增省级海外创新孵化中心1个、省级企业研究院1家、省级高新技术企业研发中心4家。举办创新先锋擂台赛，展示项目研发成果、分享研发经验。强化链主企业带动作用，邀请机电产业链链主企业首家上市公司亿利达，组织拟上市公司开展沙龙活动，传授经验，路桥区4家上市企业中有3家为机电产业链党建联建链上企业。

（三）"服务链"植入"产业链"，提发展效力

全程跟进指导。党建工作指导员、红领英才师化身"红链顾问"，坚持"将骨干培养成党员、将党员培养成骨干"的双培养机制，通过组织联建，进一步把企业管理层、研发团队、车间主任等企业骨干吸收入党，为产业链党建工作和产业链发展提供源源不断的动力支持和智力支撑。2022年以来，产业链联建企业共发展党员43人，其中三类骨干20人，16名党员成长为企业业务骨干。

主动上门服务。发挥组织部门牵头抓总作用，统筹金融、司法、科技等职能部门业务骨干105名，组建金融赋能法律援助等8支专业团队，"一链一策"开展帮扶指导。行政服务、税务、人社等职能部门组建"红色代办员"队伍，党员业务骨干靠前服务，专人服务对接、专属需求清单、专班上门辅导。通过"益企同心"服务团及时把42条惠企政策送到企业，共兑现政策资金18.23亿元。

一线下沉破难题。整合各方助企帮扶力量，对产业链企业开展"保姆式"服务。通过开展"三访三察""百企走访月"等活动，面对面与企业交流，建好"一企一档"，制定个性化服务清单，实现企业诉求"事事有着落、件件有回音"。开通"企业直通车"线上收集企业问题和需求，2024年以来，收集链上企业困难问题440个，帮助解决企业物流运输、水电费减免等各类问题 435 余个，问题解决率达 98.86%。

三、党建成效

（一）打破发展壁垒，带动产业链提质增效

路桥区按照"强链、补链、延链"思路，大力开展产业链招商，突出新能源汽车、机电、高端电摩、金属再生等特色产业链的培育，形成共建共促的党建"生态圈"，促进"两新"组织党建和发展深度融合。截至 2024 年，全区共组建 13 个产业链联合党委，15 个共建项目和 43 个个性化项目全部落地，以规范化运行推动党建联建取得实绩实效。共引进 21 个亿元以上产业项目，两年内助力 2 家机电链上企业上市，工作经验做法入选全国"2022 年度百个两新党建创新案例"，相关经验做法被《中国社会工作报》《人民网》《新华网》等媒体报道、被《非公有制企业党建》杂志专栏刊登。

（二）产业深度融合，推动产业链实践创新

路桥区产业链党建联建在实践过程中，涌现出了一批优秀实践案例："链上扶轮"产业链的"红色引领共建法"；"高新机电"产业链的"科技创新聚智法"；"高端轴承"产业链的"技能人才共培法"；"汽车商贸"产业链的"产业市场共拓法"等。新桥镇高端电摩产业链内部建立"客户共享"机制，不断集聚产业力量。由产业链联合党委打造一站式供应链综合服务平台，以党建共建，推动联建企业实现客户资源共享，通过客户共享，达到"客户裂变"的效果，为双方增加客户资源，提高双方的盈利能力，降低双方的营销成本，实现资源有效利用，合作共赢。

蓬街镇"汽车智造"产业链党建联建紧抓新能源汽车快速发展

的风口，强化产业链内部"整零"协同、"整零"对接，建立常态化的新能源汽车产业链对接机制、畅通产业链循环。联合党委牵头组建跨企业合作攻坚党小组，通过项目共建、难题共克，由整车企业推动零部件配套生产企业实现技改。已建成"自主整车企业—龙头零部件企业—中小零部件企业"带动发展的雁行方阵，以链主企业的"领跑"实现联建成员从"跟跑"到"奔跑"。亚欧汽车因新车研发和降低成本要求，需使用小尺寸电子水泵，亚欧与爱信宏达成立技术合作攻坚党小组，促使爱信宏达改进生产工艺，打造出适用于电池和电机冷却用的80W小尺寸电子水泵，内部构成零件数从30个缩减到21个，提高产能同时降低了生产成本。

（三）产业协同振兴，帮扶产业链提能升级

促进产业链融合发展。产业链联合党委通过绘制产业链图谱，全链帮扶，协调解决链上企业用工、融资、土地等各项问题，精准引进企业进行补链，统筹助推产业布局发展。"汽车商贸"产业链党建联建通过融合"文创非遗市集、星空露营、户外装备展示、汽车后备箱集市、星空广场音乐会"等项目，打造集汽车展销、生活消费、音乐文化、休闲交流于一体的"汽车＋"市场潮流消费综合体，以异业联盟的"磁场"实现景区式的"磁力"引流，走出一条"支部建在产业链、党建引领产业兴"的发展之路，成为激活党建联建、促进产业共富的"红色引擎"。

集聚服务合力。产业链党建联建工作为产业的提能升级提供服务，通过区级部门的"益企同心"服务团、"万名干部助万企"等工作机制，为企业提供适用政策咨询、法律咨询等组团服务。深化落实区域性党群服务中心建设，进行组团的帮扶。"高新机电"产业链联

合党委结合"1187"亲清政商关系体系建设①，组建联企专班，开展"服务直通车"系列活动，定期走访、主动问需，帮助链上企业解决在高新技术企业申报过程中的问题和场地租赁等难题24件，争取各项资金补助1000余万元。

推进产业协同振兴。贯彻落实《路桥区产业链党建联建工作指引（试行）》，进一步探索企业党组织作用发挥的途径和方法，创新构建党建联建机制，推动党的建设和产业链培育互融共促，通过组织建在链上、服务沉在链上、资源聚在链上、作用融在链上，切实把党建优势转化为发展胜势。"纸编凉席"产业链联合党委深入推进纸编凉席品牌建设，设立品牌指导服务站，协助链上企业制定品牌发展规划，推出联建席业标志和IP形象，持续开展"品字标"浙江制造认证活动，做强品牌经济。

四、经验与启示

（一）整合资源发挥龙头牵引作用

高新技术企业是知识密集型、技术密集型企业的典型代表，是深入实施创新驱动发展战略、推动高质量发展的重要载体。产业链党建联建通过共谋、共享、共建，发挥龙头企业示范引领作用，加强高新技术企业间的交流联系，整合有利资源，形成优势互补，着力破解行业企业之间沟通交流不畅、整体谋划不强、技术联动不够、资源共享不足等难题。通过聚力打造高新技术企业联育、科技创新能力共提的"红色磁场"，形成了"向高攀登、向新而行"的产业发展共同体，

---

① "1187"体系是台州市路桥区打造的"一心一意帮企"亲清政商新体系，2021年启动，"1"是"路路通亲清指数"，第二个"1"是"路路通亲清在线"，"8"是助企服务八大机制，"7"是"7方面必查"。

为推动组织链、数字链、发展链、服务链、人才链、共富链共融互促起到了很好的探索作用。

（二）汇聚力量形成产业发展合力

在台州路桥区的民营企业经营发展中，党建发挥着助推剂的政治核心作用。围绕当地优势产业，将组织链有效嵌入产业链、融入创新链、植入服务链，为产业链上的企业发展提供"红色引擎"，着力推动行业创新引领发展，形成党建助力抱团上市的浓厚氛围。在逐步完善产业链条基础上，台州路桥区充分发挥产业链党建联建平台作用，通过共享客户，共拓市场，有力破解行业企业之间沟通交流不畅、客户资源不平衡等难题，全力提升企业客户留存率，实现企业客户新增长。

（三）育人引才激发人才创新能力

人才是创新的基础，高技能人才是推动企业技术创新和实现科技成果转化不可或缺的重要力量。台州路桥区发挥产业链联合党委的纽带作用，推动链上企业技能等级认定，培养企业自主培育人才能力，实现链上企业产业共推、人才共育、红利共享，满足企业人才需求。如高端轴承产业链联合党委探索实施技工技能等级认定工作，将等级认定与员工薪酬直接挂钩，畅通链上企业员工技能晋升通道，共同培育和留住企业高技能人才。富杰德有限公司率先推行技工技能等级认定，不断探索和总结高技能人才培养策略，推动企业高质量发展，被列为台州市"企业技能等级认定试点"单位。其相关经验做法被浙江新闻等多家新闻媒体报道，并在链上企业得到推广和应用。

第八节　丽水："绿谷红领"，比学赶超创品牌

浙江丽水市委组织部、"两新"工委通过"一库四体系"优化培育"两新"组织党务工作者，即重点建设"两新党务工作者数据库"，建立完善"两新"组织党务工作者的"认证体系、培训体系、管理体系、保障体系"，做好党务人才"选育管用"四篇文章（见图4.8）。①

图 4.8　"绿谷红领"党务工作者培育工程结构

丽水市通过党务人才培育计划，培养造就了一支政治过硬、业务精通、相对稳定、充满活力的"两新"组织党务工作者队伍，为全面建设绿水青山与共同富裕相得益彰的社会主义现代化新丽水提供坚强的组织保障和队伍保障。

根据浙江省委组织部、省委"两新"工委工作要点，丽水深化拓展"党员人才工程"，把"两新"组织党务工作者纳入人才队伍。为强化"两新"党组织书记、党务工作者的规范化管理，丽水按照"试点

---

① 本节内容为本书课题组调研成果，且得到中共丽水市委社会工作部授权发布。

先行、逐步推进"的工作思路,从2020年开始,在云和、缙云、龙泉、青田、松阳等地试点开展"两新"组织党务工作者资质认证工作。2022年,丽水总结各地试点经验,结合工作实际,出台《关于开展"绿谷红领"党务工作者培育工程的实施意见》,提出了"以缩小人力差距为主攻方向,进一步优化'两新'组织党建人力存量、做大'两新'组织党建人力增量、做强'两新'组织党建人力变量,推动'两新'组织党建工作全面建强、整体跃升"的工作要求,并明确在"两新"组织领域实施"素质能力提升"工程,全面推广党务工作者资质认证工作,探索构建新时代背景下的"两新"组织党务工作者培育体系。

一、党建思路

党务工作者队伍是党建工作发展和非公企业发展的中坚力量,是推动非公企业党建工作走向深入、实现高质量发展的关键所在。丽水组织部和"两新"工委深入实施"绿谷红领"全链条党务工作者培育的指导意见,将党组织书记和党建工作指导员队伍建设视为重大实践课题,从建立"两新党务工作者数据库"入手,坚持"拓宽渠道抓选配,做好'选优文章';科学有效抓培训,做好'育人文章';健全制度抓考评,做好'严管文章';搭建平台抓激励,做好'善用文章'"的党建工作理念,确保党务工作者队伍培养同区域非公企业经济发展同频共振。

二、创新做法

"绿谷红领"工程重点构建以"两新党务工作者数据库"为基础,确定"认证体系、培训体系、管理体系、保障体系"工作标准,通过3~5年的努力,培养和造就一支政治过硬、业务精通、相对稳定、充满活力的"两新"组织党务工作者队伍,以提升党建工作水平和工作规范性，保障非公有制企业的党建全面高质量发展。

（一）拓宽渠道抓选配，做好"选优文章"

为了进一步强化"绿谷红领"人才队伍建设，组织部和"两新"工委充分利用数字化系统的优势，逐步建立并完善了"两新"党组织书记、"两新"组织党务工作者、"两新"组织党建指导员的数据库。在选聘两新专职党务工作者时，丽水积极探索并实行了"三个一批"的多元化选聘策略，即：面向社会广泛招录一批，上级下派一批，"两新"组织内部培育一批，注重把党性好、业务精、能力强、群众信任的优秀职工干部选拔到党务工作岗位。建立"绿谷红领"认证体系，按照党组织隶属关系，由各地各部门开展"两新"组织党务工作者"初级、中级、高级"认证工作，并按照初级2400元/年、中级4800元/年、高级9600元/年的标准发放工作津贴。

（二）科学有效抓培训，做好"育人文章"

"绿谷红领"党务工作者培育工程按照市、县、乡分级负责的原则，建立以市级示范培训、县级轮训、乡镇（街道）、园区日常基础培训工作为主的三级培训机制。在市级层面，建立示范培训体系，为党务工作者提供高标准的培训内容和模式；在县级层面，采取轮训方式，确保每一名党务工作者都能接受到系统的培训；在乡镇（街道）、园区层面，注重日常基础培训，让党务工作者在实际工作中不断提升。2018年以来，对全市1200余个党组织开展全员轮训，市级连续三年组织省市双管"两新"党组织书记赴杭州、温州等地开展示范培训。坚持"择优入库、动态管理、资源共享"的原则，培养壮大"绿谷红领"讲师团队伍。此外，"绿谷红领"党务工作者培育工程通过导师结对、联谊帮扶、联盟帮带、沙龙活动等方式，建立"绿谷红领"工作室，为党务工作者提供了一个交流学习的平台，促进资源共享和经验传承。

（三）健全制度抓考评，做好"严管文章"

建立完善"绿谷红领"管理体系，坚持考核评定与日常管理相结合，建立明确考核指标，落实任（离）职报告，建立年审制度等，完善闭环管理，把考核结果与奖优罚劣、治庸治懒等紧密结合起来，形成能者上、优者奖、庸者下、劣者汰的鲜明导向。

考核评定包括：平时考核、专项考核、年度考核。"绿谷红领"党务工作者培育工程通过"三位一体"的评价机制，考量工作实绩、德才表现、个人年龄、专业知识、任职经历等因素，强化分析研判，第一时间发现可塑之才、选出可用之人，切实把踏实肯干、埋头实干的好干部及时发现出来、合理使用起来，以正确选人用人导向引领干事创业导向。对表现突出、工作成效明显和党员群众认可度高的"两新"组织党务工作者，在评先评优、推荐"两代表一委员"等政治荣誉时给予优先考虑；对考核中了解到政治不过硬、能力不适宜、作风不严实的两新党务工作者及时开展核实认定，确属不适宜担任现职的果断调整。云和县每年开展一次集中表彰，择优推选优秀共产党员、优秀党务工作者、"两代表一委员"，2022年14名市人大代表中就有3名是优秀"两新"组织党务工作者。

（四）搭建平台抓激励，做好"善用文章"

丽水积极搭建党务工作者相互学习、交流展示的平台，不同领域的"两新"组织党务工作者在此分享自己的经验和故事，共同探讨发展之道，促进人才团队之间的交流与学习。建立完善"绿谷红领"赛马比拼机制，以赛代训，营造"比学赶超"的浓厚氛围，激发"两新"组织党务工作者的工作热情，提高其工作效率和质量。通过晒亮点、比成效，不仅推动了工作的进展，也增强了"绿谷红领"的获得感和荣誉感。此外，丽水加强对党务工作者培育工程的组织领导，统筹落实各成员单位激励保障政策待遇，将"绿谷红领"津贴列入当地财政预算，要求各地将"绿谷红领"培育纳入当地人才体系管理。

三、工作成效

（一）"绿谷红领"选得优，科学认证让人尽其才

丽水通过开展"绿谷红领"资质认证体系，锻造了一批"政治素质过硬、业务能力突出、推动发展能力强"的"两新"组织党务工作者队伍。截至2023年，全市累计完成"绿谷红领"党务工作者资质认证407人，建立"绿谷红领"工作室26家，发放津贴补助130余万元。

"邓书记工作室"是丽水市"绿谷红领"资质认证体系工作的杰出典范。"邓书记工作室"主持人邓国伟连续七年荣获丽水市直属机关党工委等组织授予的"红领助企好党员""优秀共产党员""优秀工会工作者"称号。"邓书记工作室"以"两新"组织党员志愿者为骨干，组建了6支党务工作队伍，指导中小微企业开展人力资源整合、管理职能细化、工作流程优化等一系列整改，帮助企业成长。工作室指导过的青风环境、维克托电力设备有限公司都从家庭作坊成长为产值超亿元的优秀企业。2022年以来，丽水经开区企业党委以"邓书记工作室"为基础搭建"车间政委"平台，按照"企业选、片区评、党委聘"的程序，遴选181名"车间政委"，担负党建联建工作和助力企业"法律咨询、6S管理、环保管理、安全管理、消防管理、职业卫生、应急救援"七大服务职责。他们与一线员工同吃同住同工作，成为职工身边的思想领航员、攻坚吹号员、矛盾调解员，激发车间一线生产活力。

（二）"绿谷红领"育得精，梯队培育助队伍建设

自 2018 年以来，"绿谷红领"党务工作者培育工程对全市超过 1300 个党组织进行了系统性的轮训工作，全面提升了各党组织的党建能力与专业水平。截至 2023 年，市县级已成功选聘出 126 名"绿谷红领"讲师，其中市级核心讲师达 22 人。讲师团队积极开展各类培训交流活动，至今已累计举办 50 余次，有效提升了各级党组织的工作效能和专业素养。同时，"绿谷红领"党务工作者培育工程的多元化培养方式，如导师结对指导、联谊帮扶、联盟帮带机制以及各类沙龙活动等，极大地促进了内部交流与学习，实现了"两新"组织党务人才队伍能力的整体提升。以云和县工业园区第六联合党支部书记梁力为例，在培育工程体系下，梁书记在园区成立"老梁工作室"，除常态化深入企业开展政策宣讲外，还帮助非公企业调解处理各类纠纷 200 余起，为园区的企业和职工挽回经济损失 1500 余万元。

（三）"绿谷红领"管得好，闭环管理促企业发展

丽水"两新"工委建立了一套完善的"绿谷红领"管理体系，为党务工作者的健康发展提供了坚实的基础，有效推动了企业内部党的建设与生产经营的高度融合，真正做到了以高质量党建引领和促进企业的蓬勃发展。浙江中广电器集团股份有限公司是一家民营企业，创建于 2006 年，连续 11 年蝉联中国热泵行业领军品牌，是工信部认可的"绿色工厂"。在"邓书记工作室"指导下，公司党建工作开展得有声有色，公司党委政治核心作用充分显现，2023 年公司荣膺全国五一劳动奖状，这是继获评国家"绿色工厂"、国家知识产权优势企业等奖项后，中广电器集团再添的一项"国家级"殊荣。青田三

辰电器股份有限公司在高级"绿谷红领"王柄林的带领下，以"互联网＋运维服务"为目标，在国内率先推出"三辰智云"电力电源工业互联网平台，让公司"足不出户"即可进行全国范围的产品故障分析、远程监控、自动报警等一系列智能控制，公司也因此被评为国家第三批专精特新"小巨人"企业。

（四）"绿谷红领"用得活，比学赶超创党建品牌

自2016年起，丽水开展"两新党建好故事"讲演系列活动。这项活动深入挖掘了600余个"两新"组织党建好故事，生动展示了"两新"党组织和党建人物的"形象名片"，共制作了700余份展示材料。这些材料通过网站、微信公众号等平台广泛传播，累计阅读量超过3500万次，获得了1900万余个点赞，使"两新"组织的党务工作者与党建工作获得广大人民群众的关注和认可，体现该工程在推动"两新"组织党建工作发展方面取得的显著成效。丽水市通过连续两年的"十大两新党建工作品牌"评比，挖掘和表彰一批优秀的非公企业党建工作品牌，如邓书记工作室、老李帮忙团党支部"帮助别人，快乐自己"、三田集团党委"牢记嘱托，筑梦三田——3T党建"等具有代表性的优秀品牌。这些品牌不仅展示了非公企业党建工作的创新实践，也为其他企业提供了可借鉴的经验和模式。

四、经验与启示

（一）创新选配机制，拓宽人才来源渠道

丽水建立"两新党务工作者数据库"，通过多元化方式选拔党务人才，包括社会公开招录富有才华的年轻人，上级部门下派经验丰富的党务干部，以及从"两新"组织内部发掘和培养优秀人才，形成了"三个一批"的选配模式。建立"绿谷红领"认证体系，开展"两新"组织党务工作者的"初级、中级、高级"认证工作，有效拓宽党务工作者队伍的人才来源，确保队伍的新鲜血液不断注入，同时也保留和提升既有工作经验的优势资源，为推动非公企业党建工作深入发展提供了关键的人才保障。

（二）坚持科学培训，注重人才培养实效

建立市、县、乡三级培训机制，以高标准示范培训、全员轮训和日常基础培训相结合的方式，确保每一位党务工作者都能接受到系统、全面且符合实际需求的培训内容。此外，通过搭建工作室、导师结对、联盟帮带等多种形式的学习交流平台，促进资源共享和经验传承，使党务工作者能够在互动交流中提升自我、积累经验。按照人才成长规律，鼓励培育年轻党务工作者在重要岗位上经受历练，逐步成长为业务精通、充满活力的高素质人才。

（三）优化制度管理，激励人才创新发展

强化制度管理，建立科学公正的考核评价体系，推动党务工作高效运转，推动人才队伍持续优化。丽水通过建立全方位、立体化的考核机制，通过平时表现考察、专项任务评估以及年度综合考评等环节，对"两新"组织党务工作者的工作绩效、业务能力、道德品质进行全面细致的衡量。建立考核结果与职务调整、荣誉表彰及待遇提升等的联动机制，形成了一种能上能下、优胜劣汰的良性循环，有力激发了党务工作者自我提升的动力和积极性。

（四）进行比学赶超，促进党经融合发展

注重搭建各类学习交流和竞赛比拼的平台，以赛代训，鼓励党务工作者展示才华、分享经验，并在互动交流中相互学习、共同提高。

通过比学赶超，为党务工作者提供充分展示自我价值和工作成果的机会，增强他们的职业荣誉感和成就感，进一步激发其内在动力。通过树立优秀典型，推广成功案例，推动党务工作者在服务非公企业发展、促进党建业务深度融合等方面发挥更大的效能。

第五章

典型解读：基于 79 家上市非公企业面板数据的党建作用分析

自党的十六大将非公有制企业党建工作写入党章，非公企业党组织作为坚持和完善社会主义基本经济制度的重要安排，在民营经济中的作用发挥引发了学者的广泛关注。

本章基于 79 家浙江上市非公企业面板数据对党建作用发挥进行实证分析，考察党组织设立对民营经济高质量发展的作用，为我国民营经济高质量发展研究拓展视角，提供新思路。机制检验发现，党组织可以通过推动技术创新、构建和谐劳动关系等途径促进企业高质量发展，体现了基层党组织在民营经济发展中的积极作用。

第一节　回顾中看不足

一、文献梳理与研究侧重

在我国经济转型过程中,民营企业建立基层党组织,作为一种具有中国特色的制度安排,对企业的生产、经营和发展有着深刻影响。学术界主要围绕劳动收入分配(修宗峰等,2023;刘长庚,2022)、制度理论(何轩和马骏,2018a)、政治关联理论(何轩和马骏,2018b)、信号理论(梁建等,2010)、跨界行为理论(李翠芝和陈东,2018)展开,分析党组织嵌入对非公企业生产发展的影响,褒贬不一。一方面,研究发现非公企业成立党组织能够显著提高公司治理水平和企业绩效,如抑制大股东攫取利益(Chang & Wong, 2004)、提高并购溢价(陈仕华和卢昌崇,2014)、缩小薪酬差距(陈红等,2018)、增加企业投资(陈东等,2017)、推动企业研发投入(李翠芝和陈东,2018)、提升企业绩效(何轩和马骏,2018b)、维护职工权益(董志强和魏下海,2018)、促进企业社会慈善行为(梁建等,2010)等;另一方面,也有研究发现非公企业成立党组织会降低公司治理水平和企业绩效,如提高政治成本(Chang & Wong, 2004)、增加人员冗余规模(马连福等,2013)、不利于现金股利分配水平和绩效水平提升(雷海民等,2013)。由此可见,党组织对非公企业的影响具有多面性和复杂性,随着时代的发展,如何更好地发挥党组织在非公企业中的作用有待进一步研究。

与非公企业党建密切相关的另一类研究文献是关于企业的高质量发展。研究发现,在公共服务方面,数字政府(岳宇君,2023)、数字经济(韦庄禹等,2021)、高新技术企业认定(汪芳等,2023)、政府审计（董志愿和张曾莲，2021）会促进企业绩效的显著提升。在经济方面，减税（陈志勇等，2022）、数字金融（张超等，2022）能显著促进实体企业高质量发展，金融资源错配（丁怡帆等，2022）则相反；资本密集度对企业高质量发展具有异质性（周志强等，2022）。在企业治理和企业文化方面，国企混改（范玉仙和张占军，2021；曹玉珊和陈哲，2023）、董事网络（吴成颂和程茹枫，2021）有利于提高企业发展质量；学习文化竞争力（田晖和肖琛，2020）、创新资源（吴翌琳和于鸿君，2020）、资产投入大小（王伟和石珂菲，2019）等对企业技术效率产生正向影响且显著。

与上述研究不同的是，本章旨在探究非公企业建立党组织对企业高质量发展的影响。原因在于非公企业党组织作为中国特色社会主义基本经济制度的一项重要安排，从企业内部看，党组织已成为企业治理的重要组成部分，考察党组织设立对民营企业高质量发展的影响，是对企业党组织治理效应研究的深化和拓展。从企业外部看，党组织作为一种政治联系，可以协调企业与政府的关系，对非公企业高质量发展具有重要影响。基于此，本章使用2008～2022年浙江省上市非公企业的面板数据，实证检验民营企业设立党组织对企业高质量发展的影响及内在机理。

二、政策导向与研究欠缺

随着中国特色社会主义市场经济体制的不断发展完善，党和国家高度重视包括非公企业在内的基层党组织建设工作，随着党的组织和工作覆盖的深入推进，非公企业党组织逐步健全。

关于非公企业党组织作用发挥，在2000年9月中共中央组织部发布的《关于在个体和民营等非公有制经济组织中加强党的建设工作的意见（试行）》中，要求企业党建工作和思想政治工作要与搞好企业的生产经营紧密结合；2012年3月中央办公厅印发的《关于加强和改进非公有制企业党的建设工作的意见（试行）》进一步明确，"把党组织活动与企业生产经营管理紧密结合起来，实现目标同向、互促共进"。这两份重要文件都对非公企业党组织实质性作用发挥进行了强调。党的二十大报告更是明确提出："要增强党组织政治功能和组织功能，坚持大抓基层的鲜明导向，把基层党组织建设成为有效实现党的领导的坚强战斗堡垒。"

研究显示，非公企业党建在保障职工权益[①]、企业软实力建设、履行社会责任等方面发挥了积极作用，这些研究更多地着眼于党组织的非经济功能，对党组织在非公企业生产经营方面的作用发挥的实证研究还不多，已有的研究尚存在一些不足。一方面，研究内容集中在党组织对企业绩效、技术创新、避税行为等方面的影响，而对党组织对企业的高质量发展影响没有涉及；另一方面，研究数据的时效性不强，多采用2013年前的抽样调查数据，而全国非公企业党组织在2012年以后有了快速的发展，党组织的设立情况、工作机制的健全程度、工作作用的发挥都有了明显的变化，过往的数据得出的结论是否能说明新的发展态势还有待验证，用最新的数据来进行分析才能更准确反映现阶段党组织的经济功能。

第二节　假设中寻方向

高质量发展是全面建设社会主义现代化国家的首要任务。高质量发展的提出起始于党的十九大报告，2017年底召开的中央经济工

[①] 董志强，魏下海．党组织在民营企业中的积极作用——以职工权益保护为例的经验研究［J］．经济学动态，2018（1）：14-26．

作会议对高质量发展的内涵做了进一步的阐述。从投入产出关系来看,高质量发展是指不断提高劳动效率、资本效率、土地效率、资源效率、环境效率,不断提升科技进步贡献率,不断提高全要素生产率。通过对非公企业党组织定位、功能和作用的分析,可以推测党组织能够促进非公企业高质量发展。

一、党组织与非公企业高质量发展

2000年9月发布的《关于在个体和私营等非公有制经济组织中加强党的建设工作的意见(试行)》中指出,非公企业党组织的职责任务包括:关心企业生产经营的重大问题,提出意见和建议,支持和促进企业发展。从功能定位上看,非公企业党组织可以通过五个方面推动企业高质量发展。一是加强对企业的政治引领,帮助企业及时学习领会党的路线、方针、政策并转化为企业的发展机遇,在价值追求、依法经营、政策沟通等方面为企业保驾护航,实现企业发展与国家战略同向同行(郑长忠,2019)。二是为企业提供决策辅助,通过组织网络,开展职工思想教育、收集职工的合理化建议,强化廉洁自律意识,为企业的重大决策的制定和实施提供思想支持与保障(姚靖,2022)。三是推动构建和谐的劳动关系。基层党组织通过加强党员的教育管理,领导工会、共青团等群众组织,关心和维护职工的合法权益,协调企业内部各方面的关系,坚持原则,化解矛盾,维护企业和社会的稳定(修宗峰等,2023)。四是在企业的经营支持上,基层党组织可以有效推动企业内部网络与国家政治网络进行链接,通过参加政治活动,建立企业与党组织、人大、政协、群团和其他政治性组织的联系,帮助企业融入政治生态,使企业发展能够得到相关政策的有效支持(蒲勇健和韦琦,2020)。五是在文化建设上,企业党组织通过作风建设、队伍建设、发挥党员模范带头作用等,带动形成良好的企业文化氛围，在企业发展攻坚克难的关头，充分发挥党组织的战斗堡垒作用（龚广祥和王展祥，2020）。基于以上分析，本章提出以下假设：

H1：党组织对非公企业高质量发展具有正向的提升作用。

二、党组织与非公企业技术创新

企业技术创新具有投入高、回报期长、失败率高的特点，需要企业有大量稳定的资源投入。而民营企业通常规模偏小，对高层次人才吸引力不强，缺少创新所需要的设备、人才、技术等方面的积累，也缺少有效信息对创新收益和创新风险进行科学预估，创新动力不足。由于信息不对称等原因，政府掌握的大量经济资源，在资源配置时容易向国有企业倾斜。因此，和国有企业相比，民营企业获得政府的创新投入机会偏少。首先在非公企业设立党组织对企业的意义在于，"组织嵌入"不仅是政治信号更是经济信号，企业设立党组织意味着企业与政府的非契约性质的政治联系，也意味着企业有经济实力、社会声誉好、经济实力强、富有发展前景，并且得到了上级党组织的认可，给政府和政府官员留下的良好印象，会为企业创造更友好的营商环境，减少企业的寻租行为和被抽租的可能。其次，民营企业成立党组织以后，可以通过党组织搭建起企业与政府的常态化的、合法合规的互动平台，有利于减少企业与政府之间的信息不对称，从而减少企业的信贷歧视，降低融资约束。非公企业党组织还可以通过党建共建、联建等方式，和高校、科研院所、政府相关部门建立紧密合作关系，为企业提供资金、设备、技术、人才等方面的支持，便于企业开展创新活动。最后，企业党组织通过学习党和国家的最新文件精神，可以及时掌握国家战略，把握企业发展方向，做到企业发展和国家战略同频共振。因此，党组织凭借与政府的政治联系为非公企业提供一条合法的获取外部资源的渠道，不仅有利于降低获取资源的成本，而且有利于提高获取资源的数量，为企业的高质量发展提供物质支持。例如，温州振中工程机械有限公司于1987年成立党支部，是全国首个成立党支部的民营企业，据创始人介绍，当时成立党支部的初衷就是"获得政府的认可"。全国首个成立非公企业党委的传化集团总结提出"党建做实了就是生产力，做强了就是竞争力，做细了就是凝聚力"的工作理念。基于以上分析，本章提出以下假设：

H2：党组织有利于企业技术创新，推动非公企业高质量发展。

三、党组织与企业建立和谐劳动关系

中国共产党是广大人民群众根本利益的代表，维护职工合法权益，协调劳动关系是非公企业党组织的重要内容。《中国共产党章程》第五章第三十三条规定，非公企业党组织要"团结凝聚职工群众，维护各方的合法权益，促进企业健康发展"。从早期非公企业用工实践来看，由于缺少代表员工利益的治理机构，员工在合理诉求提出协商过程中，往往处于劣势地位。因为非公企业中党组织、工会和共青团等群众组织的不健全，也使得企业在战略决策、发展规划中容易忽视员工利益，造成"利润侵蚀工资现象"。随着党组织在非公企业的全覆盖，党组织功能的进一步发挥，非公企业用工更加合法合规，在企业发展过程中也更加重视对员工合法权益的维护。非公企业党组织设立以后，可以在党组织的领导下完善工会、共青团的组织建设，为保护员工利益提供组织保障，在党组织和工会的监督下，企业与员工的劳动合同的签署更为规范，员工各项保险的缴纳更加合规，企业不合理解聘、不合理加班、过度追求利润而侵蚀员工权益等行为得到进一步的约束。基于以上分析，本章提出以下假设：

H3：党组织有利于构建和谐劳动关系，推动非公企业高质量发展。

第三节 实证中释关联

一、数据来源

本研究利用2008~2022年浙江省 A 股非公有制上市公司的数据作为研究样本，实证分析党组织建设对非公企业高质量发展的影响机制。本研究从深圳证券交易所和上海证券交易所两个网站下载了2008~2022年所有浙江非公有制上市公司的公告和年报，根据高管、董事和监事的个人简历，经课题组手工梳理出兼任高管、董事和监事的党组成员信息，并以此为基础构建了党组织建设的程度指标。所有本研究用到的其他财务指标均来自万德（WIND）数据库和国泰安数据库（CSMAR）。为了更为科学地聚焦民营企业党组织建设的情况，本研究对原始数据进行以下处理：（1）删除样本研究期间内被标注为*ST和ST的非公有制上市企业；（2）删除数据缺失严重的非公有制上市企业；（3）删除了保险和金融类非公有制企业。最终，本研究得到一个面板数据，包括了79家非公有制企业上市公司和1185个年度观测样本。

二、变量释义与描述性统计

（一）被解释变量

企业发展质量（QED），参考岳君宇等（2023）的研究，选取企业全要素生产率来衡量，并选择ACF法来测算。与LP、OP法相比，ACF法能够解决"函数相关性"问题。

（二）解释变量

本章基于国家层面非公企业党建相关政策文件建立非公企业党建特征词库，同时采用文本分析法、熵值法构建了较能全面反映非公企业党建工作的统计指标和具体流程。首先构建非公企业党建特征词库。借鉴李彬（2024）研究成果，本章整理并归纳出与非公党建相关的6个关键词汇，在此基础上，参考程磊（2023）的做法，本章选择从北大法宝数据库中筛选出10多份国家层面非公党建相关文件，用于对上述关键词汇的筛选，通过Python分词处理，最终筛选出频次大于0的6个特征词汇。

（三）控制变量

借鉴刘长庚等（2022）、王雄元和黄玉菁（2017）的研究，本章控制变量包括：企业规模、员工人数、上市年限、现金流量、政府补贴、董事会规模、独立董事比例、两职兼任情况、成长能力、经营能力、偿债能力、盈利能力等。

各变量的定义如表5.1所示。

表5.1　主要变量的定义

变量符号	变量名称	计算方法
QED	企业发展质量	采用ACF方法测算得到的全要素生产率
Party	党组织	通过计算公司年报中包含特征词汇的词频得到该变量
QYGM	企业规模	民营企业总资产的自然对数值
YGRS	员工人数	民营企业员工总人数的自然对数值
SSNX	上市年限	当年减去上市年份
XJLL	现金流量	现金净流量/总资产
ZFBT	政府补贴	政府补贴/净利润

续表

变量符号	变量名称	计算方法
DSHGM	董事会规模	董事会人数的自然对数值
DDBL	独立董事比例	独立董事人数/董事会人数
LZJR	两职兼任情况	虚拟变量，如果董事长兼任总经理，则取值 1；否则，取值 0
CZNL	成长能力	营业收入增长率
JYNL	经营能力	营业收入/总资产
CZNL	偿债能力	负债总额/总资产
YLNL	盈利能力	净利润/期初总资产

三、回归模型设定

本章研究目的是探讨党组织对非公企业高质量发展的促进作用，根据研究需要，设定如下计量模型：

$$QED_{it} = a_0 + a_1 Party_{it} + \gamma Controls_{it} + \varepsilon_i + \nu_t + \mu_t + \phi_{it} \quad (5.1)$$

式中：被解释变量 QED 是 ACF 法测算的企业全要素生产率，解释变量 $Party$ 是企业党组织作用发挥相似度变量，通过计算公司年报中包含特征词汇的词频得到该变量。$Controls$ 包括企业规模、员工人数、上市年限、现金流量、政府补贴、董事会规模、独立董事比例、两职兼任情况、成长能力、经营能力、偿债能力、盈利能力等控制变量。a、γ 是待估系数，ε、ν 及 μ 分别为年份固定效应、地区固定效应及行业固定效应，ϕ 为随机误差项。下标 i 是地区，t 为年份。

四、变量描述性统计

根据表 5.2 的结果可知，企业发展质量的最大值和均值分别为

8.729 和 6.970，平均而言，民营企业的发展质量还存在较大差异。自变量 Party 的均值为 5.905，最大值为 9.574，最小值为 1.067，这说明大多数民营企业比较重视党建活动，这也反映了不同企业之间的党建活动组织的活跃性存在较大差异。

表 5.2　　　　　　　　　描述性统计

变量	观测值	均值	最大值	最小值	中位数	标准差
QED	1185	6.970	8.729	2.965	6.847	0.522
Party	1185	5.905	9.574	1.067	5.668	2.837
QYGM	1185	21.083	20.653	12.943	21.687	1.186
YGRS	1185	7.331	12.587	0.528	7.266	1.159
SSNX	1185	11.664	29	1	12	7.032
XJLL	1185	0.126	2.045	−0.723	0.116	1.891
ZFBT	1185	0.089	0.558	0.012	0.103	0.093
DSHGM	1185	2.115	3.129	1.007	2.162	2.118
DDBL	1185	0.401	0.813	0	0.379	0.069
LZJR	1185	0.352	1	0	0	0.398
CZNL	1185	0.179	3.779	−0.552	0.112	0.543
JYNL	1185	0.672	2.722	0.049	0.564	0.471
CZNL	1185	0.466	1.041	0.061	0.455	0.328
YLNL	1185	0.051	0.443	−0.259	0.041	0.107

五、基准回归结果分析

本研究利用双向固定效应模型估计了模型（5.1），根据表 5.3 可知，利用逐步回归方法，主变量 Party 的模型系数始终显著为正。以列（4）的结果分析可知，在控制了其他条件的情况下，当自变量

Party 的估计系数增加一个单位时,民营企业的发展质量 QED 将会上升 0.218 个百分点,又因为浙江省民营企业上市公司中 *Party* 的均值为 5.905(见表 5.2),则由两者之间的比值可知,当民营企业的自变量 *Party* 变化 1 个单位,民营企业的发展质量将会提升约 0.369%,具有较为明显的经济意义。因此,实证结果表明本研究假设 H1 成立。即党组织有助于提升民营企业的发展质量。

表 5.3　　　　　　　　　　基准回归实证结果

项目	QED			
	(1)	(2)	(3)	(4)
Party	0.306 *** (2.967)	0.273 *** (3.065)	0.257 *** (3.114)	0.218 *** (3.159)
QYGM		0.068 *** (4.995)	0.069 *** (5.021)	0.067 *** (5.100)
YGRS		−0.003 *** (−5.010)	−0.004 *** (−4.983)	−0.004 *** (−4.766)
SSNX		0.061 * (1.611)	0.060 (1.320)	0.062 (1.455)
XJLL		0.058 *** (3.782)	0.059 *** (3.827)	0.059 *** (3.835)
ZFBT			0.328 *** (4.773)	0.303 *** (4.789)
DSHGM			0.034 *** (2.972)	0.035 *** (3.003)
DDBL			0.077 *** (3.463)	0.079 *** (3.577)
LZJR			−0.004 *** (−2.999)	−0.003 *** (−3.281)

续表

项目	QED			
	(1)	(2)	(3)	(4)
CZNL				-0.035** (-2.251)
JYNL				0.062* (1.892)
CZNL				-0.082 (-1.269)
YLNL				0.172* (1.795)
常数项	-0.565** (-2.229)	-0.981** (-2.389)	-0.649** (-2.392)	-0.687** (-2.441)
企业固定效应	控制	控制	控制	控制
年份固定效应	控制	控制	控制	控制
观测值	1185	1185	1185	1185
调整 R^2	0.639	0.647	0.662	0.689

注：括号内为t值，***、**和*分别表示在1%、5%和10%的水平上显著。

系统梳理控制变量的回归结果，并根据已有文献的基本结论，本研究发现与其他一些研究成果的结论比较类似，如程磊（2023）、李彬（2024）等。以表5.3中模型估计结果的列（4）为例，首先，如果民营企业拥有较大的员工规模、较为雄厚的资产实力、较低的资产负债率，或者拥有更多的现金流量和较多的政府补贴，这些均将提升民营企业的发展质量；其次，员工数量过多，会导致人员冗余，人浮于事，从而阻碍了民营企业的高质量发展；最后，民营企业发展质量也和董事会特征、公司能力相关，例如，独立董事比例越高、董事会规模越大、成长能力、经营能力等越好，民营企业的发展质量提升也更快。

六、内生性检验

尽管本研究采用了科学的实证模型和翔实的数据,并利用了不随时间变化的企业特征,但是表5.3中仍然有可能存在内生性问题需要进一步探索,以期更为科学地阐述党建活动对民营企业发展质量的作用。接下来,本研究采用三种方法来降低内生性问题的影响。

(一) 基于 IV-GMM 方法的检验

为了缓解内生性的影响,借鉴已有研究(Meng et al.,2020),利用 IV-GMM 的统计估计方法,选取党组织(*Party*)和全部控制变量的滞后一期作为工具变量,针对民营企业党建活动与企业高质量发展的关系进行再检验。数据结果见表5.4。由表5.4可知,列(1)~列(4)中党组织的回归系数均在1%以下显著,这说明利用滞后一期变量作为工具变量缓解了内生性问题,党组织有利于提升企业高质量发展水平。

表5.4　　　　内生性检验:基于 IV-GMM 方法

项目	QED			
	(1)	(2)	(3)	(4)
Party	0.298*** (3.211)	0.268*** (3.126)	0.249*** (3.422)	0.209*** (3.028)
控制变量	控制	控制	控制	控制
常数项	-0.722** (-2.243)	-0.652** (-2.416)	-0.598** (-2.278)	-0.639** (-2.337)
企业固定效应	控制	控制	控制	控制
年份固定效应	控制	控制	控制	控制
观测值	1185	1185	1185	1185
调整 R^2	0.587	0.606	0.651	0.677

注:括号内为 t 值,*** 和 ** 分别表示在1%和5%的水平上显著。

（二）Heckman 两阶段回归

民营企业在党建活动过程中，制度压力和社会规范可能导致自选择效应。通常一些表现较为突出的民营企业与当地政府在党组织建设、政府沟通交流中表现得更加主动和频繁，这使得观测样本企业邀请党组成员加入董事、高管和监管的行为并不是随机的，而是本身存在的自选择行为。为此，本研究利用 Heckman 两阶段回归方法来消除样本自选择导致的内生性问题（刘长庚等，2022；程磊等，2023）。在民营企业管理实践中，如果相互邻近的民营企业相继成立党组织，进而在民营企业的行业内形成社会规范和制度压力对未设立党组织的民营企业产生跟随效应和示范效应，将促使未进行党组织建设的民营企业开始建设党组织。综上所述，本研究在 Heckman 第一阶段回归过程中选用民营企业所在浙江的城市和行业的所有的公司是否邀请党组成员加入高管、监事和董事的虚拟变量的平均值作为外生变量；接下来采用 Probit 数据计量模型进行第一阶段模型回归（在回归计量过程中控制了企业规模、员工人数、上市年限、现金流量、政府补贴、董事会规模、独立董事比例、两职兼任情况、成长能力、经营能力、偿债能力、盈利能力等变量）。在第二阶段模型测算中，将第一阶段产生的逆米尔斯比率（IMR）加入在回归模型中以修正模型的自选择问题。同理可得，第二阶段回归结果仍然成立。可以看到，$Party$ 的回归系数为正并且在 1% 的水平下显著。此外，逆米尔斯比率（IMR）的回归系数并不显著，这说明本研究的样本自选择内生性问题并不严重。

（三）工具变量法

工具变量是解决模型内生性问题的常用方法之一。本研究选用两个工具变量来检验模型的内生性问题。第一个工具变量是文献中常用的组群类的变量，即民营企业所在城市和行业的所有上市公司（除目标企业外）中兼任监事、高管和董事的党组成员的平均比例。作为同属于相同行业和相同城市的上市企业，"同伴效应"使得该工具变量满足和自变量的相关性要求，并且也符合外生性要求，即城市–行业面板数据的党组织不太会影响单个民营企业的发展质量。根据第一阶段的回归结果，IV 的回归系数也是显著的，并且统计量 F 值大于 10，这说明工具变量是有效的。由此可见，排除内生性问题之后，本研究的分析结果依然是显著的和稳健的。

七、稳健性检验

本研究针对分析过程的稳健性进行了以下检验。

第一，替换衡量民营企业发展质量的指标。针对 ACF 测度的企业要素生产率，也有不少研究选用托宾 Q 值和净资产收益率等指标来衡量企业发展质量。因此，本研究使用托宾 Q 值替换了因变量，重新计算相关实证结果。研究发现，党组织依然明显促进民营企业的发展质量。

第二，替换党组织的评价指标。在已有文献中，一部分研究也利用"交叉任职"来测度党建活动强度，本研究利用这一测度方式进行稳健性检验。根据"交叉任职"的基本定义，本研究构建了一个虚拟变量，即党委书记不兼任监事会主席、董事会主席或总经理，则取值为 0，否则取值为 1。此外，部分研究成果利用党组织活动次数来衡量党组织建设程度，通常认为党组织活动次数越多，党组成员参与企业治理的程度越大，相应地，企业的绩效相对更高（郑登津等，2020）。本研究构建了变量 *DZHD*，其值等于 ln（1 + t 年党组织活动次数）。本研究通过谷歌、百度和 360 等浏览器手工搜集了企业党组织活动次数，本研究中满足以下两个条件的公司活动认定为党组织活动：（1）党组织是活动的组织者；（2）有该企业的党员员工参加。使用上述数据替换了原来的民营企业党建指标后，重新回归了模型。研究发现，本章的主要研究结果仍然成立。

第三，排除各种干扰因素。首先，建立党组织的民营企业可能同时拥有某一种政治关联，这一政治关联往往有助于民营企业获得对企业发展有所助益的经济资源，因此党组织对企业发展质量的正向影响可能与政治关联具有相互作用；其次，党的十八大以来，党中央对反腐败采取了更加高压和严格的措施。在这种亲清政商关系的倡导下，民营企业不再需要把自身的很多资源用来进行寻租活动，因此，企业的发展质量有可能具有明显的改善效应。为排除反腐活动对民营企业发展质量的影响，只考虑2013年之前的民营企业样本。再其次，在换届年份，地方官员调动频繁，可能会使得民营企业中党组织成员人数有所改变。同时，部分民营企业家为了获得政治身份，在换届年份更加有动力提高企业的发展质量。因此，党建活动对企业发展质量的影响可能存在换届周期效应。为了消除这一过程的影响，本研究删除了换届年的相关数据（2012年、2017年）的企业样本。最后，一些城市的差异可能导致企业发展质量的差异，为了消除这一方面的影响，本研究删除了宁波、杭州的上市公司。利用删除这些可能影响因素的作用，本研究再次回归了党组织对民营企业发展质量的作用，从数据结果来分析，其促进作用依然存在。

八、机制检验与进一步分析

根据上文的分析，党组织通过缓解民营企业财政压力、深化金融科技的应用，也更加有利于保护员工合法权益。

(一) 保障企业员工合法权益

民营企业在工会作用力度较低的情况下，党组织可以承担维护员工合法权益和打造良好职工关系的根本功能，这也有助于员工对非公企业具有更好的归属感和认同感，提升了企业的凝聚力，进而提升非公企业的发展质量。职工的主要权益有两大类，分别是基础性的社保支出和成长性的教育培训支出（罗连发等，2021；程磊等，2023）。本研究根据人均教育培训支出（JYZC）和人均社保支出（SBZC）来构建回归模型，其中人均教育支出等于企业教育培训支出总额除以公司员工人数，然后取自然对数；人均社保支出等于非公企业社保支出总额除以公司员工人数，然后取自然对数。并将两个变量分别代入回归模型，其回归结果见表5.5的列（2）和列（3）。

表5.5　　　　保障企业员工合法权益的机制检验

项目	QED	SBZC	JYZC	QED
	（1）	（2）	（3）	（4）
Party	0.312***	0.176**	0.843***	0.202***
	(3.543)	(2.215)	(3.772)	(3.465)
SBZC				0.146**
				(3.543)
JYZC				0.312***
				(4.115)
控制变量	控制	控制	控制	控制
企业固定效应	控制	控制	控制	控制
年份固定效应	控制	控制	控制	控制
观测值	1185	1185	1185	1185
调整 R^2	0.342	0.206	0.252	0.498

注：列（1）为基准回归，列（4）是机制检验。括号内为t值，*** 和 ** 分别表示在1%和5%的水平上显著。

由表5.5可知，党组织建设可以显著提升人均社保和人均教育培训的支出，具有明显提高员工福利和加大教育培训支出的特征。由表5.5的列（2）和列（3）可知，人均教育培训支出（$JYZC$）和人均社保支出（$SBZC$）的回归系数为正，并且均至少通过5%的显著性检验，这表明非公企业的员工福利提升了有助于工作的归属感和认同感，增加了企业的凝聚力，进而提高非公企业的发展质量。此外，列（4）$Party$的模型回归系数也是正的。

（二）财政压力的影响

根据政治关联理论和资源依赖理论的主要观点，政府支持有利于促进非公企业高质量发展，并且基层党组织利用各级党组织关联的信息优势和经验优势，提升非公企业获取政治资源的能力（何轩等，2018；李彬，2024）。然而，非公企业所在地政府的财政压力限制了政府能够支付的政策补贴力度和优惠政策的强度。一般而言，在财政压力较小的城市，非公企业党组织更容易获得政府有效资源，从而对企业发展质量具有明显的正向影响。反之，在财政压力较大的城市，地方政府通常会降低财政支出、增加财政收入，这使得非公企业党组织获得政治资源的可能性更小，从而也降低了企业的发展质量。因此，本研究将财政压力（$CZYL$）引入模型中，试图探索财政压力对党组织建设活动与非公企业发展质量的影响。其中，上市公司注册地所在的城市的财政压力等于一般预算支出与一般预算收入的差值与上一年一般预算收入的比值。由表5.6中列（4）的回归结果可知，地方政府财政压力与党组织建设的回归系数在1%显著性水平上显著为负，这表明在地方政府财政压力过大时，党组织建设活动对企业发展质量的积极影响有所降低。

表5.6　财政压力与金融科技对企业发展质量的影响

项目	QED (1)	SBZC (2)	JYZC (3)	QED (4)
Party	0.278*** (4.221)	-0.197** (-1.996)	0.236*** (6.537)	0.252*** (3.912)
CZYL				-0.085*** (-3.857)
JRKJ				0.151*** (6.237)
控制变量	控制	控制	控制	控制
企业固定效应	控制	控制	控制	控制
年份固定效应	控制	控制	控制	控制
观测值	1185	1185	1185	1185
调整 R^2	0.351	0.438	0.426	0.579

注：列（1）为基准回归，列（4）是机制检验。括号内为t值，***和**分别表示在1%和5%的水平上显著。

（三）金融科技的影响

非公企业的高质量发展需要有效的融资体系支持。金融科技通过便捷的金融技术和科技手段为企业发展提供多样化的可融资金和多元化的融资方式，进而有效地推动企业高质量发展（李春涛等，2020）。一般而言，在金融科技发展水平相对较高的区域环境中，党组织建设的信号传递作用更加凸显，也更容易向外界传递出非公企业发展势头良好的信息，从而可以有效地吸引投资者的密切关注和广泛支持；当然，在金融科技发展水平较低的地区，积极的党组织建设对投资者的影响效力有限，难以通过金融科技将企业发展信息释放，并转化为外部支持。综上所述，本研究认为金融科技对党组织建设与非公企业高质量发展之间具有正向影响作用。为了证实这一猜想，我们借鉴（宋敏等，2018；李彬，2024）的研究成果，利用上市公司所在地级市金融科技公司数量加 1 的自然对数来衡量金融科技发展（*JRKJ*），并将金融科技发展导入模型中，回归结果见表 5.6。由表 5.6 的列（4）可知，金融科技发展对党组织建设与非公企业高质量发展具有正向的作用关系。

第六章

未来展望：新时代非公企业党建的提升与引领

经过20年的丰富和发展，国内非公企业党建的探索与实践较好地回答了非公企业党建"为什么要抓、抓什么、怎么抓"等问题，是对马克思主义建党学说的丰富和发展，彰显了马克思主义中国化时代化的实践创新。同时，习近平关于非公企业党建的重要论述为非公企业党建"抓什么、怎么抓"提供了根本遵循，为推进民营经济健康稳定发展提供了行动指南。

高质量的民营经济发展需匹配高质量的非公企业党建，而非公企业党建现实与理论之间存在着一种张力，我们应如何克服这种张力以发挥非公企业党建的实质性作用呢？在总结梳理浙江非公企业党建经验的基础上，基于党建对民营经济推动的实证分析，本书从文化建设、队伍建设、机制建设等方面提出实质性作用发挥的探索方向。

第一节　新时代非公企业党建发展现状及面临挑战

非公企业是发展社会主义市场经济的重要力量。在非公企业发展的重要阶段、关键节点，以习近平同志为核心的党中央谋篇布局、把关定向，为非公企业党建指路引航，助推非公经济持续健康发展。

近年来，在非公经济的发展实践中，非公企业党建也呈现出创新多元的态势，党建工作基础不断夯实，"两个覆盖"系统推进，新兴领域重点突破，工作体制机制逐步完善，作用发挥进一步增强。但在非公企业党建工作中也不断暴露出一系列问题，主要体现为现实与理论之间存在着一种张力，使得非公企业党建认知应然与实然之间，非公企业党建设计与实践之间还处于不平衡状态，使得非公企业党组织作用一定程度上存在弱化、虚化、边缘化的现象，制约了非公企业党建的高质量发展。

一、前所未有：机遇与风险双考验

当前和今后一个时期，我国发展仍然处于重要战略机遇期。一方面，要看到我国发展总体态势是好的，我们完全有基础、有条件、有能力取得新的伟大胜利；另一方面，也要看到我国发展面临着前所未有的复杂环境，诸多矛盾问题叠加、风险挑战凸显。这些问题和挑战是多方面的，有的来自国内，有的来自国际，有的来自经济社会领域，有的来自自然界。

国际方面，当前世界正面临诸多挑战，其中最为突出的便是经济复苏的缓慢、局部冲突和动荡的频发，以及气候变化和公共卫生等全球性问题的加剧。这些问题相互交织、共同作用,对全球和平与发展构成了严重影响,使得国际形势变得更加复杂多变,竞争更为激烈。在文化领域,全球化的背景下文化交流呈现出既包容又冲突的特点。各国文化通过互联网等平台进行广泛交流,突破了国界和政治的限制。然而,不同文化体系之间的竞争和冲突也在持续。特别是一些西方强国,依旧在干涉其他国家的内政,热衷于推动所谓的"颜色革命"。这要求我们加强对意识形态领域的关注和重视,防范外部势力对中国进行意识形态的渗透。

国内方面,党的十八大以来,中国特色社会主义进入新时代。党和国家事业取得历史性的成就,经济平稳发展,综合国力大幅提升,我国社会主要矛盾已经转化为人民日益增长的美好生活需要和不平衡不充分的发展之间的矛盾。非公有制经济成为我国社会主义市场经济的重要组成部分,成为我国经济增长的重要助力。[①] 但是新问题也接踵而至,中国经济呈现新常态,增长下行压力加大,结构调整刻不容缓,社会矛盾日益集聚,改革开放进入攻坚期和深水区,前进道路上面临的困难和风险前所未有。

面对复杂格局,我们必须清醒认识到,机遇与风险并存。办好中国的事情关键在党。[②] 中国应加强内部建设,以应对可能出现的"黑天鹅"和"灰犀牛"事件,增强应对危机的能力,牢牢守住不发生系统性风险的底线。党的十八大以来,习近平反复告诫全党要"安而不忘危,存而不忘亡,治而不忘乱",必须准备付出更为艰巨、更为艰苦的努力,进行具有新的历史特点的伟大斗争。

[①] 程林顺. 非公有制经济人士思想政治工作浅探 [J]. 四川省社会主义学院学报,2015(3):19-20,32.
[②] 中央纪委案件监督管理室党支部. 办好中国的事情关键在党 [EB/OL]. (2016-12-28)[2025-03-18]. http://theory.people.com.cn/GB/n1/2016/1228/c40531-28983098.html.

二、持续推进：基层与基础齐发力

(一) 党建工作基础不断夯实

全国各地普遍建立组织部门、"两新"工委成员单位负责人直接联系重点企业和出资人制度，对出资人和高管分级分类开展培训，对符合条件的加强政治吸纳。全国工商联在延安、西柏坡等地设立11个民营经济人士理想信念教育基地，常态化组织新一代企业家接受革命传统教育，做好政治传承、事业传承。各地采取内部推选、协商委派等方式，选优配强非公企业党组织带头人，强化党组织书记和党建指导员队伍建设，其中大学以上学历的超过43%。[1] 中央组织部连续9年举办非公企业党组织书记示范培训班，带动各地逐级开展培训。各地普遍制定党建指导员选派管理办法，明确工作职责，规范管理制度。各地选派56.3万名党建指导员，联系非公企业177万余户。[2] 落实经费阵地保障。各地认真落实非公企业党建工作经费税前列支、财政支持、党费拨返等政策，统筹建好用好党组织活动阵地，切实解决缺经费、少场所等问题。

(二) "两个覆盖"系统推进

园区、楼宇、商圈、产业链等重点领域的党建工作稳步推进，把牢非公企业党建基本盘。1992年以后，经济技术开发区、高新技术产业区、自由贸易区等各类园区蓬勃发展，到2015年，70%的规模以上非公企业、半数以上从业人员集聚在园区。[3] 2016年，中央组

---

[1][2][3] 新华社. 以高质量党建助推非公企业高质量发展——党的十八大以来非公企业党建工作综述 [EB/OL]. (2021-06-09) [2025-03-18]. http://www.gov.cn/xinwen/2021-06/09/content_5616434.htm.

织部在厦门召开全国园区非公企业党建工作座谈会，对以园区为龙头抓好非公企业党建作出部署。截至2021年6月，全国2540多个省级以上园区构建了"园区党工委-非公企业综合党委-党建工作指导站-非公企业党组织"四级工作体系，实现园区非公企业50人以上有党员、100人以上有党组织，民营企业500强实现党组织全覆盖。①

（三）新兴领域党建重点突破

伴随着互联网技术广泛应用，互联网企业迅猛发展，党组织在互联网企业党建、快递物流业党建等新兴领域的号召力凝聚力不断扩大。2014年以来，中央组织部把加强互联网企业党建提上日程，持续调研推动，指导各地探索创新。2018年中央组织部会同中央网信办在深圳召开全国互联网企业党建工作座谈会，2019年印发指导意见，作出全面部署。突出抓好体制机制，压实网信部门，抓行业党建责任，31个省区市和近80%的地级市依托网信部门建立了互联网行业党委。突出抓好重点企业，推动各地网信部门确定的722户重点企业实现党组织全覆盖。突出抓好作用发挥，重点企业中由高管担任党组织书记的占76.7%，②党组织和党员在促进企业健康发展、营造清朗网络空间等方面发挥了重要作用。

（四）工作体制机制进一步健全

根据党中央的部署要求，中央组织部会同市场监管总局、全国工商联等部门持续推动全国各地着力健全体制机制，构建各级党委统一领导、组织部门（"两新"工委）统筹指导、行业管理部门纵向推

---

①② 新华社. 以高质量党建助推非公企业高质量发展——党的十八大以来非公企业党建工作综述 [EB/OL]. (2021-06-09) [2025-03-18]. http://www.gov.cn/xinwen/2021-06/09/content_5616434.htm.

动、园区等聚集区横向拓展、街道社区兜底管理的工作体系；着力摸清工作底数，指导各地建立常态化摸排机制，创新工作手段，动态掌握底数，精准推进"两个覆盖"；着力分层分类推进，突出抓好重点企业、重点区域、重点行业，及时跟进新兴领域、新就业群体。近年来，党对非公经济领域的全面领导不断加强，重点企业、重点区域党的组织和工作实现全面覆盖，党组织促进企业健康发展、团结凝聚职工群众的引领作用有效发挥，党在非公经济领域的阶级基础、群众基础不断厚植，非公企业党建工作取得显著成效。

（五）作用发挥进一步增强

各地各企业突出政治功能和组织力，建立健全党组织"发挥实质作用"的机制办法，引领企业政治方向。推动建立党组织和企业管理层共同学习、定期沟通、重大事项会商等双向互动机制，推动符合条件的党员出资人、高管等担任企业党组织书记。例如，浙江传化集团党委建立"三联三会"制度，企业党组织书记联系出资人、班子成员联系中层骨干、党员联系职工群众，定期召开民主恳谈会、党群议事会、党企联席会，把政治引领贯穿企业经营管理各方面。各地引导企业党组织在转型升级、技术攻坚、提高效益等方面发挥作用，推行党员示范岗、党员责任区等做法，推动党员在生产和项目一线打头阵、当先锋，助力企业创新发展。各地推动企业党组织建立健全党员联系服务职工制度，与区域、部门、单位党建共建，联合工青妇等群团组织，共同解决职工群众急难愁盼问题。不少党组织推动企业发挥人才、技术、平台等优势，服务国家重大战略，助力脱贫攻坚、疫情防控等，在关键时刻发挥了"硬核"作用。截至 2021 年 6 月，全国近 11 万家民营企业精准帮扶 12.7 万个村，东部地区企业赴帮扶协作地区累计投资 1 万多亿元。①

三、亟须改进：认识与实践有偏差

（一）认知应然与实然的不平衡

近年来，聚焦非公企业"两个覆盖"持续攻坚，非公企业党建工作质量不断提升，非公有制企业的党组织建设也日益成为党建工作的重要成分。但是，非公经济党建工作也面临着与非公经济迅速发展不相适应的问题，在思想认识方面仍存在薄弱环节，亟待加强改进。具体表现为：

一是社会各界对非公企业党建思想认同上仍有差距，党建内生动力有待激发。调查显示，在某地区非公企业中"分别有40.1%、34.6%的人认为党组织是整个企业、职工的'政治核心'，有2%的人认为党组织仅仅是'维权核心'，有22%的人认为党组织'地位不稳定'，要因企业而定"②。

二是非公企业抓党建力度不平衡。规模较大、生产经营状况良好的企业相对重视，小微企业、初创企业对党建工作存在疑虑甚至抵触。党员职工党性意识淡薄，参与党建的积极性不高，甚至对党组织关系的转接不重视、不配合，从而成为"隐形"党员。可见，企业抓党建工作的重心仍然放在"体制内"，对非公企业党建投入的时间精力相对不足，责任落实逐级递减。

---

① 新华社. 以高质量党建助推非公企业高质量发展——党的十八大以来非公企业党建工作综述 [EB/OL]. (2021-06-09) [2025-03-18]. http://www.gov.cn/xinwen/2021-06/09/content_5616434.htm.

② 董如荣，王晓春. 自贡非公企业党建问题探析 [J]. 四川党的建设（城市版），2012 (3)：44-45.

（二）非公企业党建设计与实践的不平衡

非公企业和非公企业党组织作为一种组织形态，其运行、管理也必然具备组织的一般特征。[①] 因此，一系列不稳定因素以及市场多元化与个性化的需求，导致非公企业党建设计与实践呈现出不平衡状态，为非公企业发展带来不确定性的挑战。具体表现为：

第一，管理体制上有待理顺，条块联动合力尚未形成。非公企业党建工作需要完善的管理体制。近年来，非公企业党建工作的体制结构不断调整优化，但仍存在权责不清、联动不力等问题。有的地方非公企业党委变"抓大放小"为"只放不抓"，影响了大型非公企业党组织龙头作用的发挥。非公企业党建联席会议制度落实不到位，未能整合各方资源解决企业实际问题。在企业党建工作中，各职能部门对党建工作主动服务意识仍然不强。依托业务主管单位成立的行业党委普遍重业务管理、轻党建指导，与"块"的结合不紧密，"条"的作用发挥不明显，影响非公企业党建工作质效。部分企业存在对管理体制细化和量化的欠缺、在执行中模糊的现象。

第二，作用发挥上融合不足，党建嵌入发展不够深入。非公企业党组织"两个作用"发挥不够充分，党组织在企业发展中缺乏政治引领力，在职工群众中缺乏组织能力，特别是企业管理层中党员比例低的企业，党组织引领作用薄弱。目前，大部分非公有制企业的党建工作照抄传统的工作方式，缺乏与非公企业党建工作特征的融合，没有形成一套完整的党建工作机制。在非公有制企业，上级党组织对其党组织的管理体制、管理模式缺乏一致性，非公党组织与其上级党委、政府缺乏直接的联系，与非公有制企业有紧密联系的部门对非公

[①] 王鹏，周金龙. 信息化背景下非公企业党建如何高质量发展［J］. 东岳论丛，2021，42（8）：153-161.

企业党建的理解存在分歧等，导致"条块分割"的问题。有的非公企业党组织虽然开展了一些党建活动，但形式单一、开展被动、缺乏吸引力，没有融入企业生产经营和职工工作生活，出现"两张皮"。

第三，基础保障上相对滞后，常态长效运行缺乏支撑。虽然近年来非公企业党建工作保障力度持续加大，但离实际需求仍有差距。党建经费投入不足，非公企业党建投入占地方党建总体投入的比例不高，多数企业将党建经费视作"额外开支"，没有纳入企业管理费用。党务力量配备不足，企业党组织书记大多由中层管理人员甚至一般党员员工兼任，普遍缺乏党务工作经验。党建阵地建设不足，虽然新时代形成了一批党建工作示范单位和龙头示范点，但总体上看，非公企业的党群服务中心数量仍然偏少，这样的"短板"影响了"长板"的作用发挥，从而阻碍了非公企业党建进一步高质量发展。

第二节　新时代非公企业党建高质量发展的核心内容

理论根植于实践。非公企业党建是在国内国际局势不断变化的背景下产生并丰富发展的，近20年来，在新的历史时期，非公企业党建的目标任务和实践路径逐渐明晰，较好地回答了非公企业党建"为什么要抓、抓什么、怎么抓"等问题，为进一步做好非公企业党建工作提供了实践经验和借鉴。

一、为什么抓：推动"两个健康"成长

"两个健康"即非公有制经济健康发展和非公有制经济人士健康成长，它关乎经济发展更是关乎政治稳定。2022年全国非公有制经

济占比已超过60%。非公有制经济对税收和就业贡献率已超过50%和80%。[①] 改革开放以来我国形成了以公有制为主体的多种所有制经济共同发展的基本经济制度。非公有制经济已成为我国国民经济中一支不可缺少的力量。[②] 同时非公有制经济人士健康成长对于新时代统战工作具有重要意义。团结非公经济人士，是巩固党的群众基础、发挥统一战线优势的必然需求。

要想促进非公有制经济健康发展，前提是非公有制经济人士要健康成长。2015年5月18日，习近平在中央统战工作会议上强调，促进非公有制经济健康发展和非公有制经济人士健康成长，要坚持团结、服务、引导、教育的方针，一手抓鼓励支持，一手抓教育引导，关注他们的思想，关注他们的困难，有针对性地进行帮助引导，引导非公有制经济人士特别是年轻一代致富思源、富而思进，做到爱国、敬业、创新、守法、诚信、贡献。非公有制经济人士健康成长，是非公有制经济健康发展的前提条件。市场的活力源自人，尤其是企业家及其企业家精神的作用不可或缺，这凸显了对民营企业家个人发展的重视，以及他们在推动经济发展和社会进步中扮演的关键角色。

二、抓什么：落实"两个覆盖""两个作用""两支队伍"建设

第一，加强和改进非公有制企业党建工作的目标，实现"两个

---

① 尹双红．为民营企业解难题、办实事［EB/OL］．(2023-02-04)［2025-03-18］．https://www.gov.cn/xinwen/2023-02/04/content_5739996.htm.
② 刘帅．非公有制企业中党组织的功能与作用探讨［D］．长春：吉林大学，2013．

覆盖",充分发挥党组织的"两大作用",并加强"两支队伍"的建设。[①]"两个覆盖"指的是确保党组织和党的工作全面覆盖,通过加强党员发展和推进党的工作以提高党的影响力。因此,加强"两个覆盖"的实施和夯实非公有制企业党建的基础成为加强非公企业党建工作的首要任务。

第二,充分发挥党组织的"两大作用"意味着党组织应在职工群众中发挥政治核心作用[②],在企业发展中起到政治引领的作用。这包括贯彻执行党的方针政策、维护职工合法权益、引导建立先进企业文化,并在推动企业发展上创先争优。党组织应成为企业政治方向和价值观的指导灯塔,确保所有党员及职工群众理解并执行党的基本理论、路线和政策,保证党的决策和指令在企业内得到有效实施。

第三,加强"两支队伍"的建设,指的是加强党组织书记和党建工作指导员的队伍建设,为非公有制企业党建工作提供坚实的组织保障。[③]人才是企业发展的核心资产,在非公有制企业中更应注重党员的发展。

三、怎么抓:遵循"适合、融合"的方法论

我国非公企业的党建工作,经历了一个形成、发展、成熟的过程。我们从中学习到的就是要实事求是地开展党建工作。根据不同企业的实际发展,因地制宜开展适合企业发展的党建工作。

非公有制企业面广量大、类型多样,各级党委要切实加强领导、

---

① 周英峰. 习近平在非公有制企业党建工作会议上的讲话 [EB/OL]. (2012-03-21) [2025-03-18]. https://www.chinanews.com.cn/gn/2012/03-21/3762470.shtml.
② 邢译文. 深圳市非公有制企业党建研究 [D]. 哈尔滨:哈尔滨工业大学, 2021.
③ 梁特光. 习近平关于加强和改进非公企业党建的思想 [J]. 中共云南省委党校学报, 2020, 21 (1): 57-61.

落实责任，健全机构、配强力量，对民营、外资等不同规模、不同类型企业要注重分类指导，增强工作的针对性和实效性。① 全面开创新时期非公企业党的建设新局面。

在新时代背景下，非公有制企业党建工作不仅是加强企业内部管理的重要手段，更是推动社会主义市场经济健康发展的关键举措。因此，必须不断优化党建工作机制，加大创新力度，充分利用现代信息技术手段，提高党建工作的信息化、智能化水平。通过建立更加开放、互动、共享的党建工作平台，促进党员之间的交流与合作，激发党员参与党建的积极性和创造性。同时，要加强党建工作与企业文化的深度融合，引导企业发展更加注重社会责任和道德价值，努力形成具有时代特色的企业精神和文化内涵，为实现中华民族伟大复兴的中国梦贡献非公有制企业的力量。

第三节　新时代非公企业党建高质量发展的理论内涵

2012年，党中央发布《关于加强和改进非公有制企业党的建设工作的意见（试行）》，正式提出了"六个需要"，强调了在非公有制领域开展党的建设的重要性和必要性，为非公有制企业党建奠定了理论基础。

马克思主义建党学说的科学理论体系是一脉相承的。共产主义者同盟作为第一个无产阶级政党在马克思、恩格斯的指导下建立，开启了马克思主义建党学说的序幕。列宁在带领布尔什维克党的斗争

---

① 周英峰. 习近平在非公有制企业党建工作会议上的讲话［EB/OL］.（2012-03-21）［2025-03-18］. https：//www.chinanews.com.cn/gn/2012/03-21/3762470.shtml.

和建设中，探索出了一套完整的马克思主义政党体系，使其不断壮大。十月革命之火在送来马克思主义革命理论的同时，也使马克思主义政党学说在中国大地上扎下根基并结出硕果。中国共产党是在李大钊、毛泽东等先进分子把马克思主义党建学说与中国工人运动实践相结合中诞生的。新民主主义革命时期，以毛泽东同志为核心的党的第一代中央领导集体围绕救国大业，在实践中创立并不断丰富发展党的建设理论。改革开放时期，以邓小平同志为核心的党的第二代中央领导集体高瞻远瞩，提出了"把党建设成为领导社会主义现代化事业的坚强核心"的时代命题；要求坚持"一个中心、两个基本点"基本路线，把发展生产力作为党建工作的出发点和最高原则，深刻阐明了党的建设的路径和方向。党的十三届四中全会以后，以江泽民同志为核心的党的第三代中央领导集体积极探索在发展社会主义市场经济条件下加强党的建设的途径，提出了"三个代表"重要思想，成为我们党的立党之本、执政之基、力量之源。[①] 党的实践历程中始终坚持科学认识与运用马克思主义建党学说，坚持以守正创新适应历史发展和时代变化，使党不断焕发出生机与活力。党的十七届四中全会提出要抓紧在非公有制经济组织建立党组织的重大战略决策，非公企业党建作为中国共产党在改革开放进程中逐步形成的重要实践成果，是对马克思主义建党学说的发展，是马克思主义中国化和时代化创新。2023年6月，习近平总书记在全国组织工作会议上首次将关于党的建设的重要思想概括为"十三个坚持"。实践证明，这一重要思想进一步升华了党的执政理念、丰富了党的执政方略、完善了党的执政方式，把我们对执政党建设规律的认识提高到新的水平，为新时代坚持党的领导、加强党的建设、全面从严治党提供

---

① 黄伟，杨柱. 中国共产党百年来加强党的建设的历程与成就 [EB/OL]. (2021-11-10) [2025-03-18]. http：//www.nopss.gov.cn/n1/2021/1110/c219544-32278356.html.

了根本遵循，为丰富和发展马克思主义党建理论宝库作出了重大贡献，是中国化的马克思主义党建理论体系发展史上又一座巍峨的理论丰碑。[①]

一、彰显马克思主义中国化时代化的创新

中国特色社会主义理论体系是马克思主义与中国具体情况相结合的产物，具有强大的生命力和理论力量。中国共产党非公企业党建思想，是马克思主义党建思想与中国非公有制经济发展、中国共产党的建设的具体情况相结合的产物，非公企业党建思想拓展了马克思主义党建思想在非公有制经济领域的指导空间与力度，不仅推动了马克思主义党建思想的中国化发展，更进一步丰富了马克思主义理论体系，也进一步显示出了中国化马克思主义强大的理论生命力和实践指导力。

《中国共产党章程》总纲规定："中国共产党是中国工人阶级的先锋队，同时是中国人民和中华民族的先锋队，是中国特色社会主义事业的领导核心，代表中国先进生产力的发展要求，代表中国先进文化的前进方向，代表中国最广大人民的根本利益。"这一规定明确了中国共产党的性质，揭示了中国共产党阶级性、人民性和先进性的有机统一。改革开放以来，非公有制企业已经成为坚持和发展社会主义市场经济的重要力量，因而对于党自身的建设来说，非公企业领域仍是党组织工作的重要场所，加强和改进非公有制企业党建工作，发挥好非公有制企业党组织的实质性作用，是坚持马克思主义政党的阶级性、发展群众性和增强先进性的必然要求。

---

① 吴桂韩. 深刻理解习近平总书记关于党的建设的重要思想 [EB/OL]. (2023-10-21) [2025-03-18]. http://www.qstheory.cn/2023-10/31/c_1129950337.htm.

（一）坚持马克思主义政党的阶级性

一切政党都是建立在一定的阶级基础之上，代表一定的阶级阶层利益并为其服务，因而一切政党都是阶级的政党。马克思、恩格斯指导建立了第一个无产阶级政党——共产主义者同盟。在其纲领性文献《共产党宣言》中，马克思、恩格斯系统阐释了关于党的建设的科学内涵，通过对共产党与其他工人阶级政党之间的比较分析，深刻诠释了共产党的根本性质，即阶级性。从阶级性上看，共产党始终代表和维护包括工人阶级在内的最广大人民的根本利益，即"整个无产阶级共同的不分民族的利益""整个运动的利益"。①

作为马克思主义理论与中国革命实际相结合的产物，中国共产党自成立以来，就是中国工人阶级的政党，始终坚持工人阶级先锋队的性质。在革命、建设和改革开放的实践中充分发挥了领导核心作用和战斗堡垒作用，极大地体现了其作为无产阶级政党的阶级性。改革开放以来，我们党破除了所有制问题上的传统观念束缚，为非公有制经济发展打开了大门。在中国经济高速发展的背景下，非公有制经济在国民经济中的比重日益增加，非公企业成为新的经济增长点，非公经济发展中以及党自身的性质所面临的一系列困难和争议急需在党的领导下解决。习近平强调："越是情况复杂、基础薄弱的地方，越要健全党的组织、做好党的工作，确保全覆盖，固本强基，防止'木桶效应'。"② 因此，加强非公党建工作成为马克思主义政党如何坚持和发展阶级性质的重要举措，我国非公党建正确处理了党的性质与党员成分的关系，成功地拓展了传统党建理论中关于党的组织基础理论，使党的性质理论得到重大发展。

---

① 马克思恩格斯文集（第二卷）[M]．北京：人民出版社，2009：52．
② 十八大以来重要文献选编（上）[M]．北京：中央文献出版社，2014：352．

1. 非公企业中的工人群体是党的阶级基础

非公经济的发展，为社会提供了大量的就业岗位，吸纳了大量的劳动力，使得非公经济从业人员和非公企业党员数量大幅增加，非公企业党建被赋予了新的时代内涵。共产党人的理论原理是"我们眼前的历史运动的真实关系的一般表述"[1]，是以社会发展的客观规律为依据的。改革开放以来，我们走上了社会主义市场经济的必然道路，如今非公经济蓬勃成长，中国社会各个阶层不仅在内部构成上发生了深刻变化，同时劳动形式、思想意识等方面也经历着深层次的变革。面对新形势，党中央展现了高度的政治自觉和深谋远虑："只要是有利于社会主义建设的新领域，都要建立党的组织，推动新领域党建工作。"[2] 非公企业作为社会主义市场经济的重要主体，是建设社会主义的强大引擎。在非公企业中发展党员，加强非公企业党建工作是新的历史时期所面临的新的重大课题。在非公经济领域增强党组织自身的建设，进而使党组织能够适应并引领非公有制经济发展成为了党自身和社会发展的必然要求。党的队伍本身就要以各个阶层的先进工人来壮大，中国共产党把非公领域的优秀分子入党条件问题与社会阶层构成变化结合起来认识，整合了工人阶级内部的力量，以非公企业党建工作进一步巩固和增强自己的阶级基础。党在非公领域中与工人群体紧密联系，有助于非公企业中的工人群众更好地理解党的指导思想和政策，促使他们更加积极地参与社会主义建设，迸发入党积极性，提高自身的思想觉悟。非公企业党建理论切实贯彻"不断总结经验，积极探索创新，创造新的环境，适应新的形势的要求"[3] 这是中国共产党坚持其阶级属性的时代彰显，也是马克思主义政党学说在新时代的理论创新。

---

[1] 马克思恩格斯文集（第二卷）[M]. 北京：人民出版社，2009：45.
[2] 习近平. 干在实处走在前列 [M]. 北京：中共中央党校出版社，2006：490.
[3] 吴高强. 围绕发展抓党建，抓好党建促发展 [N]. 东阳日报，2003-06-12（1）.

2. 从生产力的发展要求和要素出发阐释"工人阶级的先锋队"的定位

"不能简单地把有没有财产、有多少财产当作判断人们政治上先进与落后的标准，而主要应该看他们的思想政治状况和现实表现，看他们的财产是怎么得来的以及对财产怎么支配和使用，看他们以自己的劳动对建设有中国特色社会主义事业所作的贡献。"① 新中国成立以来，民营企业家作为社会新兴阶层的重要组成部分，既展现了先进的特质，同时也具备独特之处。在坚持党的阶级属性的基础上，能否吸纳民营企业家入党成为了一个必须回答问题。这一问题的探索，也经历了一个过程，从改革开放到邓小平同志的南方谈话，再到社会主义市场经济不断发展和成熟，非公经济人士等新的社会群体和社会阶层已经成为推动社会发展的重要力量。江泽民同志在2001年庆祝中国共产党成立八十周年大会上的讲话中指出，非公企业经营者及其劳动者都是中国特色社会主义事业的建设者，党组织可以接受新的社会阶层的优秀分子加入中国共产党。以此为政策推力，2003年习近平同志致信首届浙江民营企业峰会，再次阐释了民营企业家作为"建设者"的重要地位，并强调了民营企业家是浙江省全面建设小康社会、提前基本实现现代化的重要力量。进而从社会经济理论层面，习近平指出"民营经济是非公有制经济的主要经济组织形式，是我国经济制度的内在要素"②，其作用和目的是发展社会主义生产力，服务于人民群众。因此，在社会主义现代化建设中，民营企业家也是广大劳动者中的一员，"民营企业和民营企业家是我们自己人"。这些论述深刻地揭示了经济发展过程中不同要素的贡献，尤其是民营企业家的贡献，使我们重新回归了"思想建党"的科学路径，进

---

① 中国共产党第十六次全国代表大会文件汇编[M]. 北京：人民出版社，2002：15.
② 习近平. 在民营企业座谈会上的讲话[M]. 北京：人民出版社，2018：7.

一步深化了对党的性质的认识——"加大在非公有制企业生产一线职工、专业技术骨干及经营管理人员中发展党员的工作力度,重视在农民工中发展党员,注意培养发展符合条件的企业出资人入党"①,强调承认党的章程和纲领是发展党员的必要条件,确保在扩大组织覆盖的同时保持党员队伍的先进性和纯洁性。

(二) 发展马克思主义政党的群众性

共产党的阶级性与群众性是辩证统一的。人民群众在历史进程中的地位和作用在马克思、恩格斯的历史唯物主义中得到了科学的阐释。马克思、恩格斯在《神圣家族》中对青年黑格尔派的英雄史观思想进行深入批判,同时阐发了群众史观思想,指出:"历史活动是群众的活动,随着历史活动的深入,必将是群众队伍的扩大"。②马克思、恩格斯基于阶级分析方法,明确了"人民"和"群众"两个范畴间的互通关系。人民群众是历史发展的决定性力量,是社会历史的主体,无产阶级作为人民群众的中坚力量,在推动全人类解放方面具有引领作用,同时也是赢得自身解放的核心力量。

中国共产党在革命过程中,把马克思主义群众观与中国具体实践相结合,丰富和发展了马克思主义政党群众观,拓宽了传统党建理论关于群众的范畴,形成了党的群众基础的理论,使党的性质理论得到又一次重大发展。新中国成立之初,我们党十分注意团结农民、小资产阶级、民族资产阶级和群众,提出了"不要四面出击"的方针,最大限度地凝聚力量,极大提高了党的威信和社会影响力。毛泽东提出人民群众是真正的英雄③,把"全心全意为人民服务"确立为党的宗旨,将群众路线确立为党的生命线和根本工作路线,阐述了党的一

---

① 关于加强和改进非公有制企业党的建设工作的意见 [M]. 北京:人民出版社,2012:5.
② 马克思恩格斯文集(第一卷)[M]. 北京:人民出版社,2009:287.
③ 毛泽东选集(第一卷)[M]. 北京:人民出版社,1991:115.

切工作向人民负责、从群众中来到群众中去的工作方法和要重视人民群众现实利益等经典观点。

"人民,只有人民,才是创造世界历史的动力。"① 非公企业具有庞大的人民群众基数,"哪里有群众,就一定到哪里去工作"②。因此,在新的历史条件下扩大党的群众基础,必然要求党的建设在非公领域施展拳脚。"我们共产党人好比种子,人民好比土地。我们到了一个地方,就要同那里的人民结合起来,在人民中间生根、开花。"③ 改革开放以来,中国共产党面对经济社会结构变迁引发的社会阶层变化、重组,在巩固执政基础上作出了适应性调整,通过吸收私营企业主优秀分子入党,解决了党员组织招募面临的实际问题,扩大了对新的社会阶层人士的影响,拓宽了党的群众工作的覆盖面,进一步巩固了非公领域内党的群众基础。群众路线是党的根本路线,因此要在社会各个领域紧密联系群众,依靠群众,从人民群众中获取前进之本。在新时代,贯彻全心全意为人民服务的宗旨,贯彻群众观点和群众路线,就必须要以加强非公企业党建为抓手,通过非公企业党组织落实群众工作:以党的思想来凝聚群众,以发展的目标来凝聚群众,以深入的群众工作来凝聚群众,以关心群众的实际困难来凝聚群众。④ 以党建工作为人民群众的主体性在非公经济领域中得到广泛的发挥提供平台和动力,切实发展马克思主义政党的群众性。

(三) 增强马克思主义政党的先进性

先进性是马克思主义政党的生命所系、力量所在。从先进性上

---

① 毛泽东选集(第三卷)[M]. 北京:人民出版社,1991:1031.
② 列宁选集(第四卷)[M]. 北京:人民出版社,2012:163.
③ 毛泽东选集(第四卷)[M]. 北京:人民出版社,1991:1162.
④ 习近平在浙江(二十五):"习书记提出浙江党建工作的'八八战略'"[EB/OL]. (2021-04-02) [2025-03-18]. https://www.zjskw.gov.cn/art/2021/4/2/art_1229556970_37679.html.

看，共产党不是等同于其他工人政党的一般政党，它具有特殊的先进性。在实践方面，共产党人与各国其他工人政党相比，对于推动无产阶级的解放是"最坚决的始终起推动作用的部分"①。在理论方面，相比其他无产阶级群众，共产党人拥有马克思主义先进理论的指导。因此，共产党在完成推翻资产阶级政治统治，建立无产阶级专政的过程当中，始终作为无产阶级的先锋队，在行动上带头、理论上领先，具有高度的先进性。

马克思主义政党的先进性是和阶级性与群众性相统一的，是建立在阶级基础和群众基础之上的。中国共产党是由中国工人阶级中有共产主义觉悟的先进分子所组成的，集中代表了中国工人阶级的优秀品质和特点。丧失阶级性和群众性必然失去先进性，中国共产党必须正确认识和处理党的先进性和阶级性的关系，使党的先进性牢牢地扎根在自己的群众基础中，努力保持高度统一。

如今，由于社会环境的改变，中国共产党的党员成分变得越来越复杂，尤其是在非公领域中，人们的思想意识也发生了很大的变化。在全面开放的基本国策下，不仅国外的商品、商业模式进入我国，各种思想也大量地涌入。这既体现了我国政治及文化制度的开放性，也切实丰富了我国的思想及文化观念。但这样的情况也具有其不利的一面，例如国外的享乐主义、拜金主义、利己主义以及个人主义等，都不免对国人的思想造成负面影响。这些负面思想反映在非公企业中，则主要体现为企业凝聚力下降、企业家被资本增值的欲望蒙蔽以及党员干部的腐败，显然这会对企业的发展乃至党组织的先进性带来很大的挑战。对此，习近平就曾强调："要坚持标准、严格程序、认真考察，做好综合评价，真正把那些思想政治强、行业代表性强、

---

① 马克思恩格斯文集（第二卷）[M]．北京：人民出版社，2009：44．

参政议政能力强、社会信誉好的非公有制经济代表人士推荐出来。"①另一方面习近平又以"两个健康"对党组织在非公领域内的工作作出了进一步要求：促进非公有制经济健康发展和非公有制经济人士健康成长，要坚持团结、服务、引导、教育的方针，一手抓鼓励支持，一手抓教育引导，关注他们的思想，关注他们的困难，有针对性地进行帮助引导，引导非公有制经济人士特别是年轻一代致富思源、富而思进，做到爱国、敬业、创新、守法、诚信、贡献。②非公企业党建工作的开展，能够对人的思想和价值观念等，起到有效的教育、熏陶和引导作用，其既尊重个人思想的多样性，鼓励人追求自身的价值，同时更强调人应当具有坚定的信仰，对于党、国、企业都要具有一致的认同感和使命感，可以激发出企业所有成员的责任意识、使命意识，进而保证了非公企业中党员的先进性，也保证了非公企业从业者的健康发展。不仅如此，开天辟地、敢为人先的创新精神，一直以来都是中国共产党革命精神的重要组成部分，因此非公企业党建工作的开展与落实，能够使企业成员在中国共产党革命精神的熏陶下，激发出创新意识，增强非公企业创新力，使非公企业能够在如今复杂、多变且竞争激烈的市场环境中，实现更稳定、更长远的发展。

二、丰富习近平新时代中国特色社会主义思想的根本遵循和行动指南

非公企业党建是一个关涉非公经济发展及党自身建设的重要命题，党中央向来重视非公领域中党组织的建设。非公企业党建系列论述是习近平总书记关于党的建设的重要思想在非公领域的创新发展，

---

① 十八大以来重要文献选编（下）[M]. 北京：中央文献出版社，2014：252.
② 巩固发展最广泛的爱国统一战线为实现中国梦提供广泛力量支持[N]. 人民日报，2015－05－21（01版）.

兼容习近平经济思想的核心内涵，具有重大的学理价值和实践价值。

坚定不移地坚持"两个毫不动摇"的方针政策，积极支持非公企业党组织建设是习近平新时代中国特色社会主义思想的重要组成部分，贯穿着马克思主义立场观点方法。2023年6月28日至29日在北京召开的全国组织工作会议，用"十三个坚持"对习近平总书记关于党的建设的重要思想作了系统总结和集中概括，为我们认识和把握这一重要思想的科学体系、基本内涵、实践要求、重大意义提供了重要遵循。这"十三个坚持"是：坚持和加强党的全面领导，坚持以党的自我革命引领社会革命，坚持以党的政治建设统领党的建设各项工作，坚持江山就是人民、人民就是江山，坚持思想建党、理论强党，坚持严密党的组织体系，坚持造就忠诚干净担当的高素质干部队伍，坚持聚天下英才而用之，坚持持之以恒正风肃纪，坚持一体推进不敢腐、不能腐、不想腐，坚持完善党和国家监督体系，坚持制度治党、依规治党，坚持落实全面从严治党政治责任。这"十三个坚持"，深刻阐明了党的建设的根本原则、科学布局、价值追求、重点任务，是一个全面系统、逻辑严密、博大精深、动态发展的思想宝库和理论体系。

（一）贯彻党的全面领导的思想灵魂

加强党的全面领导是关于党的建设的重要思想的灵魂。党的领导与社会主义事业是内生共存、不可分割的一体化结构，党的领导对于社会主义事业发挥着决定性作用、具有决定性意义。中国共产党领导是中国特色社会主义最本质的特征，是中国特色社会主义制度的最大优势，党是最高政治领导力量。党的领导是全面的、系统的、整体的，必须全面、系统、整体加以落实。非公有制企业的数量和作用决定了非公有制企业党建工作在整个党建工作中越来越重要，必须以更大的工作力度扎扎实实抓好。① 因而，非公企业党建工作是贯彻党的全面领导的必然要求。

对于党自身来说，加强民营企业党建工作是实现党对民营经济领导的重要方式，增强党对民营经济的领导力是坚持党对经济工作的领导的重要内容。目前，我国经济社会已经进入高质量发展阶段，在实现全面建成小康社会这一伟大历史任务后，我国迎来了全面建设社会主义现代化国家这一更伟大的历史任务。为解决一系列制约高质量发展的重大问题，就必须扩大党的执政基础，将党组织深入基层，并发挥其实质性作用。发挥实质性作用就要求"把支持民营企业发展作为一项重要任务，花更多时间和精力关心民营企业发展、民营企业家成长"，"经常听取民营企业反映和诉求，特别是在民营企业遇到困难和问题情况下更要积极作为、靠前服务，帮助解决实际困难"。② 在新时代创新非公企业党建工作是应对治理挑战、增强党的影响力、稳固党的执政地位的需要，肩负着对非公有制企业开展政治团结、组织凝聚与方向引领的重大历史使命。必须鼓励、支持、引导非公经济的发展，抓好非公党建，不断完善党的领导。

对于非公企业来说，党的领导是非公企业生存发展的最大支撑，也是习近平经济思想中坚持党对经济工作的全面领导的题中应有之义。经过改革开放以来的探索，我国的社会和市场发展已经打开了全新的局面，这得益于党的正确领导。非公企业是否能够将党的相关政策贯彻到位，落实党的方针路线，将决定非公企业是否能够适应市场环境，能否在未来的市场中获得属于自己的生存和发展空间。非公企业党建工作的首要重要性在于，其能够将"坚持党对一切工作的领

---

① 中央党校党建部. 基层党建工作手册 [M]. 北京：人民出版社，2019：84.
② 习近平在民营企业座谈会上的讲话 [N]. 人民日报，2018-11-01 (01).

导"落到实处，科学地指导非公企业生产发展，进而使非公企业不论是在决策制定中、生产实践中，还是在管理运营中，都能够按照党的部署安排，优化自身决策、强化自身生产、改进自身管理，从而帮助非公企业更好地达成自身发展目标，同时对我国的市场经济整体建设作出贡献。关于党建与企业发展的关系，习近平总书记指出："要加强企业党组织规范化建设，发挥党组织在服务企业决策、开拓市场、革新技术、提高效益等方面的作用，把党的政治优势、组织优势转化为企业发展优势"。① 因此，"民营企业搞党建不是一种形式的、功利的想法，要真正拥护党的理念，做到心中有党"。② 党建工作要贯穿企业成长、发展、壮大全过程，发挥"方向舵""定盘星"作用。党通过引导非公企业党组织回归社会、回归群众、回归基层，实现了政党功能的本位回归。

（二）契合全面从严治党的鲜明主题

全面从严治党是关于党的建设的重要思想的鲜明主题。习近平总书记指出，抓好党建是最大的政绩③，无论哪一层级、哪一领域的党组织，都应该严肃认真对待党赋予的职责，按要求进行严格的组织管理，不管党不治党就是严重失职。党的十八大以来，我们党进一步加强了管党治党工作，推动了新时代党的自我革命的伟大实践，为党长期执政、永葆活力提供了根本遵循和行动指南。全面从严治党已经成为党的建设的新常态，为契合全面从严治党的主题，非公经济领域必须广泛地建立党组织，确保管党治党真正严起来、紧起来、实起来，从而在非公经济领域中贯彻落实全面从严治党的要求。

---

① 中央党校党建部. 基层党建工作手册 [M]. 北京：人民出版社，2019：84.
② 中共中央宣传部宣传教育局，中华全国工商业联合会宣传教育局. 凝聚思想共识 践行核心价值——学习贯彻民营企业座谈会精神 [M]. 北京：人民出版社，2019：71.
③ 十八大以来治国理政新成就（下册）[M]. 北京：人民出版社，2017：938.

长期以来，我们党都高度重视加强党的自身建设、坚持从严管党治党。习近平总书记在十八届中央政治局常委同中外记者见面时指出，"我们的责任，就是同全党同志一道，坚持党要管党、从严治党，切实解决自身存在的突出问题"。然而，在非公经济领域中，党的观念淡薄、组织涣散、纪律松弛等问题在一些党员干部和党组织中普遍存在。对于这些问题，就要做到"党要管党，党建要全覆盖。根据经济社会发展和结构变化，党的组织形式、工作方法也要与之适应。要积极推动民企党建工作探索，因地制宜抓好党建、促进企业健康发展"。① 在非公经济领域中"非公有制企业党组织是党在企业中的战斗堡垒，在企业职工群众中发挥政治核心作用，在企业发展中发挥政治引领作用"。② 因此，非公企业党组织工作必须严格遵守党的纪律，加强党的思想建设，加强党的组织建设，加强党的作风建设，加强党的制度建设，加强党的反腐败斗争，推进党的制度化、法治化建设，提高党的建设质量和水平，以全面从严治党的要求推动非公有制企业党建工作的深入开展。历史教训警示我们，堡垒最容易从内部攻破，因此必须以全面从严治党和自我革命精神固本培元、强身健体，始终保持党的先进性和纯洁性。

非公企业党的建设是全面从严治党的基础之一，全面从严治党是非公企业党的建设的深化和发展。深刻认识加强非公有制企业党建工作的重要意义，"把党的建设作为一项伟大工程来推进，并且始终坚持党要管党、从严治党的原则和方针，是我们党的一大创举，也是立党立国、兴党强国的一大法宝。"③

---

① 国防大学习近平新时代中国特色社会主义思想研究中心. 新时代强党之道［M］. 北京：人民出版社，2020：191.
② 十七大以来重要文献选编（下）［M］. 北京：人民出版社，2013：879.
③ 《求是》杂志编辑部. 坚定不移推动健全全面从严治党体系［EB/OL］.（2023-06-16）［2025-03-18］. http://politics.people.com.cn/n1/2023/0616/c1001-40015867.html.

（三）深化"江山就是人民、人民就是江山"的价值取向

"江山就是人民、人民就是江山，打江山、守江山，守的是人民的心。"[①] 我们党是全心全意为人民服务的党，坚持立党为公、执政为民，把人民对美好生活的向往作为始终不渝的奋斗目标。在当代中国社会，非公有制经济正迅速崛起，成为我国经济发展的重要支柱。正如习近平总书记强调的，"发展为了人民，这是马克思主义政治经济学的根本立场""人民对美好生活的向往就是我们的奋斗目标"。[②] 因此，非公企业的健康发展直接关系到经济繁荣和人民福祉，非公企业党组织则是保证我国企业良性发展、服务人民的重要保障。深化"江山就是人民、人民就是江山"的价值取向，非公企业党建具有重大意义。

非公企业党建紧密契合"江山就是人民、人民就是江山"的核心价值。党的理论是来自人民、为了人民、造福人民的理论。党的二十大报告系统阐述了习近平新时代中国特色社会主义思想的世界观、方法论和贯穿其中的立场观点方法，并把"必须坚持人民至上"放在"六个必须坚持"的首位。由此可见，在这一科学体系中，"人民"二字具有基础性、根本性的地位和作用。非公企业正是通过市场服务人民、推动经济发展的主体，人民至上是中国特色社会主义市场经济的理论基点、价值支点、实践原点。正如习近平所强调的"一切非公有制经济人士和其他新的社会阶层人士，要发扬劳动创造精神和创业精神，回馈社会，造福人民，做合格的中国特色社会主义

[①] 习近平. 在庆祝中国共产党成立100周年大会上的讲话［M］. 北京：人民出版社，2021：11.

[②] 黄瑾. 坚持以人民为中心的发展思想是我国经济发展的根本立场［EB/OL］.（2022-08-10）［2025-03-18］. http：//www.qstheory.cn/dukan/hqwg/2022-08/10/c_1128903505.htm.

事业的建设者"。① 坚持以人民为中心这一价值取向在非公企业中的贯彻显得尤为重要，因此必须通过建设有力的党组织，将"人民对美好生活的向往"这一奋斗目标贯穿企业管理和决策层面，使企业发展不仅仅关乎自身利益，更要坚定不移走共同富裕道路，不断做大做好"蛋糕"、分好"蛋糕"，更注重关注社会责任，成为有担当、回馈社会、服务人民的优秀企业。

进一步地，非公企业党组织还要注重调动群众的积极性和创造力，让企业发展与人民的自身发展相统一。全心全意为人民服务，立党为公，执政为民，是我们党同一切剥削阶级政党的根本区别。社会主义中的社会生产应当具备促进人的全面发展的功能，党组织在非公企业中能充分发挥民主特色，真正做到将"人民至上"内化于心、外化于行。发挥人民主体作用是推动发展的强大动力，依托于非公企业党组织的平台，员工与企业管理层得以建立良好沟通机制，实现决策过程共同参与，形成企业共同体，增强凝聚力和向心力。将企业建设成人民实现自我发展的实践场所，使得非公企业践行为崇高理想奋斗与为最广大人民谋利益的一致性，坚持完成党的各项工作与实现人民利益的一致性，实现企业和人民的双赢，彰显社会主义制度的本质要求。

（四）抓牢铸就高素质干部、聚拢天下英才的组织建设

抓好组织建设，就要坚持严密的党组织体系，坚持造就忠诚干净担当的高素质干部队伍，坚持聚天下英才而用之。习近平指出，"党的力量来自组织。党的全面领导、党的全部工作要靠党的坚强组织体系去实现"。② 非公企业是党的组织建设的重要场所，非公领域中的

---

① 习近平. 在十二届全国人大一次会议上的讲话 [M]. 北京：人民出版社，2013：7.
② 习近平. 在全国组织工作会议上的讲话 [M]. 北京：人民出版社，2018：11.

众多人才是我们党增强组织建设的重要人才依托，这一领域中的党建工作既是促使企业产生内生动力的重要途径，也是吸引高素质干部的基石，是聚天下英才而用之和造就忠诚干净担当的高素质干部队伍的必然要求。

党的力量来自组织。我们党之所以能够团结带领人民战胜各种艰难险阻、取得一个又一个胜利，一个十分重要的原因就在于高度重视培养造就能够担当重任的干部队伍。如今，世界百年未有之大变局加速演进，在非公经济领域中我们需要应对的风险和挑战、需要解决的矛盾和问题比以往更加错综复杂。因此在非公领域中也需要培养造就一支忠诚干净担当的高素质干部队伍，办好中国事，关键在党，关键在人，关键在人才。党的十九大报告指出，"人才是实现民族振兴、赢得国际竞争主动的战略资源。要坚持党管人才原则，聚天下英才而用之，加快建设人才强国"。只有非公党建工作与人才工作深度融合、互促共赢，才能实现"增人数"和"得人心"。

首先，在非公企业领域，企业党组织是聚天下英才而用之的重要途径和平台。非公有制经济组织和广大非公有制经济人士是我国经济社会发展的重要力量，也是我国人才资源的重要组成部分。党员干部的选拔和培养不仅要在党组织之中，更要深入基层，党的十九大报告提出要注重从产业工人、青年农民、高知识群体中和在非公有制经济组织、社会组织中发展党员。非公企业党组织能有效发挥"根据地"的作用，"要健全同党外知识分子、非公有制经济人士、新的社会阶层人士的沟通联络机制"[①]。加强非公党建，就是要把非公有制经济组织和广大非公有制经济人士作为聚天下英才而用之的重要对象，充分发挥党的领导和党组织的作用，团结教育引导他们坚定理想

---

① 习近平. 在中央政协工作会议暨庆祝中国人民政治协商会议成立70周年大会上的讲话[M]. 北京：人民出版社，2019：10.

信念，增强政治认同、思想认同、情感认同，积极参与党和国家事业发展，为实现中国梦贡献智慧和力量。

其次，聚天下英才而用之是造就忠诚干净担当的高素质干部队伍的重要保障和手段。全面建设社会主义现代化国家，必须有一支政治过硬、适应新时代要求、具备领导现代化建设能力的干部队伍。[①] 干部是党和国家事业的中坚力量，是人才工作的主体和对象。造就忠诚干净担当的高素质干部队伍是一项系统工程、一项重要任务，要坚持聚天下英才而用之的战略就不得不将目光看向非公经济领域。对此，习近平总书记曾强调，要注重在非公有制经济组织中发展党员，做好党员教育管理工作，引导他们发挥先锋模范作用。[②] 这是因为非公领域是改革发展的第一线，具有艰苦且复杂的环境，非公企业党组织具有分类抓好专业化培训、在关键"吃劲"岗位选拔人才的先天条件，更能有效地加强干部和干部后备军的斗争精神和斗争本领养成。在基层火热实践中，党员得以练就真本领、硬功夫。因此加强非公企业党组织工作能为我国非公经济领域乃至社会主义改革发展的各项工作注入"新鲜血液"。

最后，造就忠诚干净担当的高素质干部队伍是非公党建的重要基础和条件。非公党建的质量和水平，取决于非公企业党组织的领导力量和工作力量。要扩大党的工作覆盖面，提高党的社会影响力，就要培养造就一支忠诚干净担当的高素质干部队伍，既要有政治上的坚定性、理论上的清醒性、工作上的能力性，又要有创新上的敏锐性、服务上的热情性、协调上的协同性，能够有效地领导和推动非公党建工作，为非公党建提供坚强的领导核心和坚实的工作保障。

---

① 冯舟. 建设一支具备领导现代化建设能力的干部队伍［EB/OL］.（2022-11-14）［2025-03-18］. http://dangjian.people.com.cn/n1/2022/1114/c117092-32565610.html.
② 习近平谈治国理政（第四卷）［M］. 北京：外文出版社，2022：190.

第四节 新时代非公企业党建高质量发展的实践价值

理论必须贯彻于实践才能发挥其真正作用。非公企业在我国经济总量中所占比例越来越大，对于推动科技创新、增加就业、维护社会稳定具有十分重要的作用。非公企业党建高质量发展在巩固党的执政地位、指引非公企业党建发挥实效、推动非公企业的高质量发展及我国国家治理现代化的推进上有着重要实践价值。

一、为巩固党的执政地位织密组织体系

（一）有助于加强党的全面领导

基础不牢，地动山摇。基层组织是党执政的组织基础，是党的全部工作和战斗力的基础，是贯彻落实党中央决策部署的"最后一公里"。非公有制企业作为我国社会主义市场经济的重要组成部分，既是新的经济增长点，也是党建工作的新领域。构建上下贯通、执行有力的组织体系，必须把非公企业党建工作纳入党建工作总体布局，切实扩大非公企业党的组织覆盖和工作覆盖。办好中国的事，关键在党。作为发展中的社会主义国家，完善社会主义市场经济制度，推进现代化经济建设，确保经济有序健康发展，必须加强党对经济工作的集中统一领导。[①]

[①] 张舒雯. 论习近平关于发展非公有制经济的重要论述［D］. 福州：闽南师范大学，2021.

（二）有助于巩固扩大党的阶级与群众基础

非公有制经济是我国社会主义市场经济的重要组成部分，非公有制经济从无到有、从弱到强的变化，是党领导非公经济工作的显著成效。① 非公有制企业党组织是党在社会基层的战斗堡垒，直接面对广大职工群众和社会新阶层。党组织只有善于发挥政治优势，密切与职工的联系，才能把他们团结凝聚在党组织周围；只有善于处理各种利益关系，维护好各方面的合法权益，才能争取更多的拥护与支持；只有善于领导工、青、妇等群团组织开展工作，充分利用各种民间组织、行业协会以及"党外知识分子联谊会"等载体，加强与社会各阶层的沟通和联系，才能不断拓展党的工作覆盖面和影响力。不断加强非公企业党建工作，实现党对非公经济的政治引领，也是落实全面从严治党的要求。开展非公企业党建有助于增强党的基层社会治理能力，有利于进一步夯实党的执政地位和经济基础，有利于扩大政治认同基础，提高党的执政能力。

二、为非公企业党建发挥实质性作用增强政治认同

（一）有助于进一步发挥政治引领作用

非公企业党组织是党在非公企业中的战斗堡垒，在企业发展中发挥政治引领作用。② 党的领导是非公企业生存发展的最大支撑，党建工作贯穿企业成长、发展、壮大全过程。非公企业组织量大面广、从业人员规模庞大，相关群体思想活跃、价值多元、诉求多样，迫切

---

① 中共中央文献研究室. 习近平关于社会主义经济建设论述摘编[M]. 北京：中央文献出版社，2017：318.
② 杨峥嵘. 把党委建在产业链上——长沙高新区企业党建工作调查报告[J]. 新湘评论，2020（11）：30-31.

需要加强思想引领、增强政治认同，确保广大非公企业从业人员厚植家国情怀，在贯彻新发展理念、构建新发展格局、推动高质量发展上集智聚力，坚定不移听党话、跟党走。只有坚持把党建工作融入企业发展，紧贴企业需要、群众需求开展党的工作，拓宽党组织发挥作用的有效途径，激励党员当先锋作表率，才有可能推动党的政治优势、组织优势转化为非公企业发展优势。

（二）有助于进一步发挥组织保障作用

在互联网、道路运输、直播电商、外卖、快递行业等经济新兴领域，要系统推进实施非公企业党建，紧扣新业态新就业群体发展实际，坚持目标导向、问题导向、结果导向相统一，坚持前瞻性思考、全局性谋划、整体性推进，突出重点群体、找准线下节点，条块联动、分类施策，推动党建工作及时融入、发挥作用。经过实践检验，深化和加强党建工作能够显著提高企业的生产效率、市场竞争力和内部团结。提升非公企业党组织的组织力既是长远之计，也是固本之举。[1]

三、为推进非公企业健康发展提供行动指南

"我国经济发展能够创造中国奇迹，民营经济功不可没。"[2] 在非公企业中发展党员，加强非公企业党建工作是新的历史时期所面临的新的重大课题，要不断总结经验，积极探索创新，创造新的环境，适应新的形势要求，进一步加强非公企业党建工作，以此为动力促进

---

[1] 陈欣. 习近平非公有制企业党建论述探究［J］. 泉州师范学院学报，2022，40（1）：1-9，31.
[2] 习近平. 在民营企业座谈会上的讲话［M］. 北京：人民出版社，2018：5.

民营经济大发展。①

（一）有助于非公企业的健康稳定

非公企业普遍市场竞争压力较大、技术迭代更新较快、员工流动性较强，特别是面对需求收缩、供给冲击、预期转弱三重压力，非公企业存续和发展面临诸多风险挑战和困难，迫切需要党委、政府更大力度的政策指导，以及更有温度的关心关爱。同时，非公企业聚集了大量新就业群体，迫切需要发挥党组织聚人心暖人心作用，加强思想引导和凝聚服务，不断厚植党在非公领域的阶级基础、群众基础。通过加强非公企业党建，紧扣促进"两个健康"，从要素保障、融资帮扶、招才引智等方面推出惠企政策，助企纾困解难，是非公企业健康稳定发展的重要保障。

（二）有助于非公经济人士的健康成长

通过开展党建，对广大非公有制经济人士进行党的理想信念和基本理论教育，督促企业家加强自我学习、自我教育和自我提升，有助于维护企业家的模范形象，从而产生榜样作用。②。促进非公有制经济人士的健康成长，一方面有助于非公有制经济更好地服务于我国市场经济的建设和社会主义现代化建设，只要非公有制经济人士能够走在正确的道路上，我国非公有制经济发展的道路就不会偏离。另一方面，作为社会上的公众人物，非公有制经济人士的健康发展可以树立良好的榜样，他们的言行举止对社会公众有一定的影响力，因此促进他们的健康成长也有助于建设社会主义和谐社会。

---

① 吴高强. 围绕发展抓党建，抓好党建促发展 [N]. 东阳日报，2003-06-12 (01).
② 张舒雯. 论习近平关于发展非公有制经济的重要论述 [D]. 福州：闽南师范大学，2021.

(三) 有助于非公企业高质量发展

高质量的党建是非公企业高质量发展的坚实保障。欲筑室者，先治其基。非公企业的支部就如同链条上的齿轮，一个不能少、一个不能弱，只有把党组织建设放在更加突出的位置，遵循非公企业党组织建设标准，在组织设置、组织生活等方面细化，才能确保上下贯通、执行有力。严密的组织体系是发挥组织优势的力量所在。巩固好、发展好、发挥好党的组织优势，需要优化组织设置，推进组织覆盖。做到招聘新员工与吸纳党员同步进行，企业与党组织同步建立，生产经营管理人员与党务干部同步配备，生产管理制度与党建制度同步制定，做到"企业发展到哪里、支部就建到哪里、作用就发挥到哪里"，以点带面、示范引领推动非公企业党建提质增效。

四、为推进国家治理现代化增添主体活力

国家治理体系是在党领导下管理国家的制度体系，包括经济、政治、文化、社会、生态文明和党的建设等各领域体制机制、法律法规安排，也就是一整套紧密相连、相互协调的国家制度。[①] 我国是中国共产党领导的社会主义国家，非公企业党建作为国家治理体系的重要组成部分，对于推进国家治理符合新时代发展，迈向现代化具有重要作用。

（一）有助于构建和谐企业

构建和谐企业是构建和谐社会的重要内容。相比传统领域，新业

---

① 习近平. 切实把思想统一到党的十八届三中全会精神上来 [N]. 人民日报，2014-01-01 (01).

态新就业群体党组织数量少、体系散、功能弱,其中的职工普遍居于弱势地位,利益受侵害现象时有发生。越是情况复杂、基础薄弱的地方,越要健全党的组织、做好党的工作,确保全覆盖,固本强基,防止"木桶效应"。加强新业态中的非公企业党建是指,党组织可以利用自身优势,牢固树立以人为本的理念,发挥在维权保障中的作用,依法维护职工利益;党组织要善于担当协调人的角色,积极化解企业中不同利益主体间的矛盾,协调企业与社会各方面的关系,形成企业、员工、社会和谐相处的良好局面。

(二)有助于社会治理持续优化

非公有制企业面广量大,类型多样,各级党委要切实加强领导、落实责任、健全机构、配强力量。[①] 一方面,随着工业化、市场化、城镇化的快速发展,越来越多的劳动力从农村涌入城市,在非公企业中就业。这些体制外的就业人口数量多、流动快、素质参差不齐,给地方政府的管理带来很多挑战,而且当中很多都是异地务工,在精神生活层面往往比较匮乏,对社会治理带来潜在风险。加强非公企业党建,可在企业内部形成良好的、积极向上的社会风气和文化氛围,对这些群体进行正确的思想引导,丰富他们的精神生活,让外来打工者在工作生活中感受到来自党组织和企业的关怀和温暖,自觉投身于企业的发展建设中来。另一方面,部分企业重经济效益轻文化建设,不注重建立和谐的劳资关系,导致企业利益和职工利益、群众利益之间矛盾频发,甚至引起地方性群体事件。加强非公企业党建,充分发挥党的政治引领功能,能引导企业树立公平公正、诚信经营的工作环境,有效地抵制企业的不正当经营行为,进一步维护社会稳定。

---

① 全国非公有制企业党建工作会议召开 [N]. 光明日报,2012-03-22(03).

(三) 有助于全面建设中国式现代化

党的十八大以来，党中央站在关键在党、关键在人的高度，把非公企业党建工作放在新时代党的建设新的伟大工程中谋划、部署、推进，提出一系列新理念新思想新战略，为党的建设谋篇布局。全面建设中国式现代化，首先需要激发民营企业等各类市场主体的活力与创业热忱，扩大社会财富，巩固现代社会进步的物质基础。非公企业党建可以充分调动企业积极性和创造力，通过发展非公有制经济实现先富带后富，共同推进经济建设发展，这对我国迈向共同富裕的社会主义现代化国家具有重要价值。[①] 非公企业党建实践过程中，通过深入贯彻新时代党的建设总要求和新时代党的组织路线，坚持党的全面领导和全面从严治党，聚焦主责主业，突出问题导向，强化担当作为，推动理论武装、选贤任能、强基固本、育才聚才，各项工作不断取得新进展新成效，可以为党和国家事业取得历史性成就、发生历史性变革提供坚强的组织保证。

第五节　新时代非公企业党建实质性作用及发挥路径

2011年2月18日，习近平对温州非公企业党建作出重要批示："要进一步深化非公企业党建工作，扎实推进，务求实效，非公企业党组织要能够发挥实质作用，防止成为'花架子'"。十多年过去了，面对新形势新要求，我们需要从更高的政治站位、更深远的历史眼光

[①] 黄曦，陈承明. 论中国特色社会主义市场经济的两重性和相容性 [J]. 上海经济研究，2019 (2)：5-13.

来深刻理解非公企业党建，用党的创新理论来探讨非公企业党建实质性作用发挥的路径（见图6.1）。

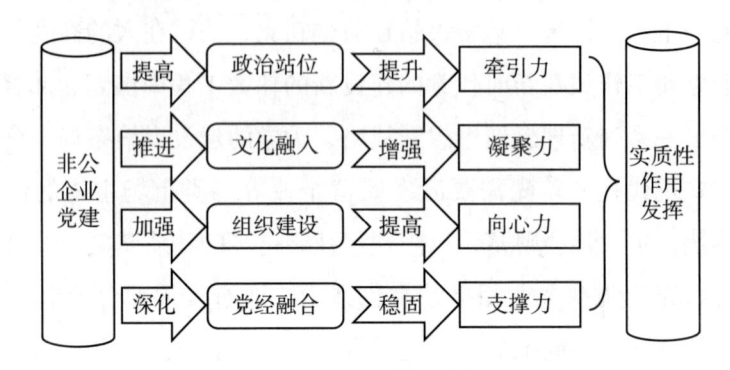

图6.1 非公企业党建实质性作用发挥路径

一、提高政治站位，提升非公企业高质量发展"牵引力"

非公有制经济领域党组织建设是新时期党的建设伟大工程的重要组成部分，加强非公有制企业党建工作，既是非公有制经济健康发展的现实需要，也是夯实党的执政基础的内在要求。自2003年至今，习近平同志对抓好非公企业党建工作作出了一系列重要部署，特别是党的十八大以来，他多次作出重要指示批示，系统深入企业调研指导，主持召开民营企业座谈会、企业家座谈会，对非公经济发展和非公企业党建工作指方向、强定力、增信心，为加强这一领域党建工作提供了基本遵循。非公经济要持续健康发展，非公企业党建要发挥实质性作用，深耕红色土壤、让党建引领在非公企业落地生根是决定性因素。在非公企业发展的重要阶段、关键节点，非公有制企业要高举习近平新时代中国特色社会主义思想伟大旗帜，树牢"四个意识"、坚定"四个自信"、深刻领悟"两个确立"、坚决做到"两个维护"，为非公企业指路引航，把关定向，助推发展。

二、推进文化融入，增强非公企业高质量发展"凝聚力"

所谓企业文化是指在一定的社会经济条件下，通过相关的社会实践工作形成的企业全体职工的共有的价值观、行为规范、共同意识的总和。[①] 健康向上的企业文化对于企业的高质量发展至关重要，是推动企业持续发展的基石。

思想建党是永葆党的纯洁性和先进性的重要法宝[②]，通过党建引领开展班组文化建设是非公企业党建的创新。班组是企业运营的基础单元，也是员工思想交流的基本单元。在班组中，员工之间交流密切、互动频繁，通过班组文化建设，企业可以建立有效的沟通机制，及时了解员工的思想动态和需求，帮助员工解决实际问题，提高员工的归属感和忠诚度，增强企业凝聚力。

通过班组文化建设，可以加强对员工的思想引领，引导员工树立正确的职业观念和工作态度，提高员工的思想觉悟和道德水平，有效激发员工的工作积极性和创造力，从而形成良好的企业氛围和文化底蕴。例如，正泰集团首创"五结合"学习型班组建设，将党小组、工会小组、团小组、妇女小组建在基层班组，形成"思想有人管、学习有人抓、困难有人帮、活动有人办"的良好工作氛围，真正实现了"党员在哪，党的组织和工作就推进到哪"的工作要求。

三、加强组织建设，增强非公企业高质量发展"向心力"

非公企业中，企业党建和企业发展犹如"鸟之双翼""车之双

---

① 曹祥生. 企业党建工作与文化建设的结合——以信息开放时代为背景 [J]. 人民论坛, 2012 (26): 80-81.

② 武秀红. 如何推动非公企业党建高质量发展 [J]. 现代企业, 2020 (7): 66, 101.

轮"。党建就是生产力,党建强,则企业发展强。① 面对世情、国情和党情的巨大变化,非公企业党建要高质量发展,发挥实质性作用,提升非公企业党组织建设是关键。

(1) 精准"选""育"党建领航人。"选""育"党建领航人,关键在于选拔与培养相结合。在选拔环节,要坚持德才兼备、以德为先的原则,选拔那些具有坚定理想信念、优秀道德品质和较强工作能力的党员干部。严格非公领域党员教育管理,树立非公企业"党建强、发展强"先进典型,发挥示范引领和辐射带动作用。加强对非公企业出资人的政治引领和政治吸纳,引导他们支持企业党建工作;加强在新生代企业家、中高层管理人员、优秀技术人员、一线基层员工等人群中选育优秀党员作为领航人的工作力度,抓好党组织有形有效覆盖。在培养环节,应充分利用各类教育资源,通过集中培训、实践锻炼和考核评估等方式,根据不同岗位的特点对党员进行分类、分级精准指导,帮助党建领航人具备坚定的理想信念、卓越的工作能力和出色的领导才能。例如,企业基层党务工作者,更多地需要掌握与群众沟通、组织活动和解决实际问题的能力;而企业中高层党务工作者,则需要具备宏观战略眼光、决策分析能力和团队建设经验。为此,雅戈尔集团股份有限公司精心打造了以"领路、领帅、领队、袖章、袖扣、袖风"六大要素为核心的"红领袖"工程,通过这一工程,广大党员在企业内部的先锋模范作用得到充分发挥。

(2) 完善党建人才"管""用"机制。选拔、培育出一支高素质、专业化的人才队伍,是企业构建核心竞争力、实现长久健康发展的基石②。对于党员领航人,不仅要精准"选""育",为了确保"领航"的实施效果,我们还应建立完善的"管""用"机制。通过

---

① 沈在蓉. 党建引领非公企业高质量发展的内在机理与实现机制 [J]. 中共杭州市委党校学报,2024 (1): 22-29.
② 郑恒. 浅谈企业的人才管理与发展 [J]. 人才资源开发,2023 (19): 90-91.

对党建领航人的工作表现、学习成果和群众评价等方面进行综合评价，及时发现和解决问题，确保每位党建领航人都能在实践中不断成长、不断进步。丽水市的"绿谷红领"党务工作者培育工程即是从建立"两新党务工作者数据库"入手，通过"选、育、管、用"四方面体系，拓宽发展党员领域、优化党员结构，提升党员队伍质量，取得了明显成效。

四、深化党经融合，稳固非公企业高质量发展"支撑力"

党建工作与生产经营深度融合是一个长效课题[①]，在当前的社会主义市场经济体制下，把党的活动与生产经营有机融合是非公企业党建的生命线，只有找准发挥作用的切入点，才能做到以党建强引领强发展。"非公有制企业党组织要围绕促进生产经营、维护各方合法权益搞好服务"[②]，这是非公企业开展党建工作的内在要求。

（1）在组织管理体系下功夫。体系化推进"党建入章"，从地位、职责、制度、政策等方面为企业党组织赋能。按照"双向进入、交叉任职"的原则，注重从企业经营者、中高层管理人员等党员中，推选合适人选担任党组织负责人。推进党组织负责人与工会主席"一肩挑"，提升党组织在企业中的地位和话语权。积极推行"嵌入式"融合党建模式，为党组织参与企业生产经营管理搭建有效平台，将党建融入企业生产经营、凝聚职工群众、企业先进文化等各方面，实现党的建设与企业发展双赢。

（2）在党建制度保障上下功夫。一是强化非公有制企业党建工作保障力度，建立稳定规范的活动经费投入保障机制，形成以财政支

[①] 陈平其，王泽盛.国企党建工作与生产经营深度融合过程中的四个不等式[J].山西财经大学学报，2022，44（S1）：38-41.

[②] 中共中央办公厅.关于加强基层服务型党组织建设的意见[R].2014.

持为主，党费返还和党员基金为辅，社会筹集、党员自愿捐助为补充的党建经费投入保障体系，为非公有制企业党组织和党员定期开展活动、服务群众提供有力保障，有效夯实基层基础。二是保障党建工作有长期稳定的场所，可以与非公有制企业属地管理制度相结合，充分发挥属地园区、村社区、镇街的公共服务中心平台、党群活动服务中心在服务党员、凝聚职工群众、建立党组织的"孵化器"作用。例如，嘉利特荏原泵业有限公司成功实施了"四融合"战略，精准把握"四环节"，建立了高效的"四直通"机制，显著提升了员工的"三感"。

（3）在形成工作合力上下功夫。通过多种形式加强"党建＋经营"融合的宣传教育，使企业主、高级管理层、一线职工深入了解"党建＋经营"融合的意义和内涵，自觉参与到融合实践中来。建立健全与"党建＋经营"融合相适应的制度体系，确保融合工作有章可循、有据可查。结合实际，开展具有特色的"党建＋经营"融合实践活动，如"党员示范岗""党员责任区"等，推动融合工作深入人心。例如，传化集团始终将党建工作视为企业现代治理体系的重要组成部分，集团紧密结合自身发展实际，突破传统的党建工作模式，将党的组织体系与企业治理构架深度融合，将党员人才工程与企业人才培养计划有机结合，推动党建工作深度融入企业发展的全过程，形成了具有自身特色的"传化模式"。在这种模式下，党组织的作用得以充分发挥，整合资源、协调各方，有效提升了企业的竞争力、团队的执行力和职工的凝聚力，为企业实现健康发展提供了有力支持。

参考文献

[1] 把创新史继续写下去 温州推进新时代"两个健康"先行区创建[N]. 浙江日报, 2021-07-01 (19).

[2] 本书编委会. 非公有制经济企业党的建设[M]. 北京: 人民出版社, 2010.

[3] 本书编写组. 干在实处 勇立潮头——习近平浙江足迹[M]. 杭州: 浙江人民出版社, 2022.

[4] 蔡文华. 组织融合与文化协同: 非公企业党建工作难点及其解决之道[J]. 理论导刊, 2017 (7): 49-52.

[5] 曹祥生. 企业党建工作与文化建设的结合——以信息开放时代为背景[J]. 人民论坛, 2012 (26): 80-81.

[6] 曹玉珊, 陈哲. 混合所有制改革、供应链协作与企业高质量发展——基于国有上市公司的实证分析[J]. 财经理论与实践, 2023, 44 (4): 10-17.

[7] 陈平其, 王泽盛. 国企党建工作与生产经营深度融合过程中的四个不等式[J]. 山西财经大学学报, 2022, 44 (S1): 38-41.

[8] 陈仕华, 卢昌崇. 国有企业党组织的治理参与能够有效抑制并购中的"国有资产流失"吗？[J]. 管理世界, 2014 (5): 106-120.

[9] 陈欣. 习近平非公有制企业党建论述探究[J]. 泉州师范

学院学报, 2022, 40 (1): 1-9, 31.

[10] 陈志勇, 张春雨, 陈思霞. 减税如何影响企业高质量创新? 基于中国上市公司的实证研究 [J]. 宏观质量研究, 2022, 10 (2): 31-46.

[11] 程磊, 郑前宏. 党组织参与民营企业治理的效果与机制研究 [J]. 经济评论, 2023 (5): 53-70.

[12] 程林顺. 非公有制经济人士思想政治工作浅探 [J]. 四川省社会主义学院学报, 2015 (3): 19-20, 32.

[13] 大事记: 浙江温州非公企业党建10年红色足印 [N]. 温州日报, 2021-02-19 (06).

[14] 党齐民. 新时代非公企业党建新问题、新要求、新思路 [J]. 毛泽东邓小平理论研究, 2017 (12): 84-87.

[15] 丁怡帆, 魏彦杰, 马云飞. 金融资源错配如何影响企业高质量发展: 理论与实证 [J]. 金融监管研究, 2022 (8): 94-114.

[16] 董如荣, 王晓春. 自贡非公企业党建问题探析 [J]. 四川党的建设 (城市版), 2012 (3): 44-45.

[17] 董志强, 魏下海. 党组织在民营企业中的积极作用——以职工权益保护为例的经验研究 [J]. 经济学动态, 2018 (1): 14-26.

[18] 董志愿, 张曾莲. 政府审计对企业高质量发展的影响——基于审计署央企审计结果公告的实证分析 [J]. 审计与经济研究, 2021, 36 (1): 1-10.

[19] 杜立新. 积极探索外资企业党建工作新路子 [J]. 苏南乡镇企业, 1995 (3): 24-25.

[20] 杜喜武. 个体行业中应建立党团组织 [N]. 人民日报, 1986-05-08 (07).

[21] 范玉仙. 国有经济引领社会主义经济高质量发展的内在机

制研究［J］．西安交通大学学报（社会科学版），2021，41（4）：97-106．

［22］付佳迪，邱观建．从组织覆盖到工作覆盖：非公党建的制度变迁［J］．江汉论坛，2017（2）：45-48．

［23］傅上伦．适应经济发展采取多种形式浙江办二百多乡镇党校［N］．人民日报，1986-10-07（04）．

［24］高选良．实现非公有制经济组织党的组织和工作全覆盖［J］．党建研究，2013（3）：45-46．

［25］何轩，马骏．被动还是主动的社会行动者？中国民营企业参与社会治理的经验性研究［J］．管理世界，2018，34（2）：34-48．

［26］何轩，马骏．党建也是生产力——民营企业党组织建设的机制与效果研究［J］．社会学研究，2018，33（3）：1-24，242．

［27］黄曦，陈承明．论中国特色社会主义市场经济的两重性和相容性［J］．上海经济研究，2019（2）：5-13．

［28］贾鹏飞．论非公企业党建的四个基本问题［J］．中共福建省委党校学报，2018（7）：48-54．

［29］姜波．非公企业离不开党［N］．经济日报，2000-06-29（05）．

［30］雷海民，梁巧转，李家军．组织特征影响政治资源企业的财务能力吗？基于中国上市公司的非参数检验［J］．中国软科学，2013（2）：144-153．

［31］李彬，姚瑶，李海霞．基层党组织建设与企业创新——基于治理嵌入和外部关注的双重视角［J］．外国经济与管理，2024，46（1）：18-32．

［32］李春涛，闫续文，宋敏，等．金融科技与企业创新——新三板上市公司的证据［J］．中国工业经济，2020（1）：81-98．

[33] 李翠芝, 陈东. 党组织、制度环境与私营企业研发投资 [J]. 云南财经大学学报, 2018, 34 (8): 75-91.

[34] 李海涛. 论20世纪末我国非公经济思想政治工作的探索实践与经验启示 [J]. 湖北经济学院学报 (人文社会科学版), 2023, 20 (12): 20-26.

[35] 李景田. 在全国非公有制经济党建工作经验交流会上的讲话 [N]. 组织人事报, 2003-09-03 (01).

[36] 李俊伟. 非公有制企业党组织作用机理分析 [J]. 中国党政干部论坛, 2008 (2): 23-25.

[37] 李明伟, 宋姝茜. 新时代非公企业基层党组织建设质量提升探究 [J]. 新视野, 2019 (5): 99-105.

[38] 李中阳. 以智慧党建平台建设推动流动党员管理效能提升的路径分析 [J]. 中共成都市委党校学报, 2023 (1): 91-98, 112.

[39] 梁建, 陈爽英, 盖庆恩. 民营企业的政治参与、治理结构与慈善捐赠 [J]. 管理世界, 2010 (7): 109-118.

[40] 梁特光. 习近平关于加强和改进非公企业党建的思想 [J]. 中共云南省委党校学报, 2020, 21 (1): 57-61.

[41] 列宁选集 (第四卷) [M]. 北京: 人民出版社, 2012.

[42] 刘长庚, 王宇航, 江剑平. 党组织能提高企业劳动收入份额吗？基于中国民 (私) 营企业调查数据的实证研究 [J]. 上海财经大学学报, 2022, 24 (1): 16-31.

[43] 刘帅. 非公有制企业中党组织的功能与作用探讨 [D]. 长春: 吉林大学, 2013.

[44] 刘星彤. 改革开放以来非公有制企业党的建设研究 [D]. 长春: 吉林大学, 2022.

[45] 罗连发, 叶青青, 王昇唯. 党组织对企业管理效率的影响

研究——基于中国企业-劳动力匹配调查数据的实证分析 [J]. 经济评论, 2021 (5): 17-31.

[46] 马克思恩格斯文集 (第二卷) [M]. 北京: 人民出版社, 2009.

[47] 马克思恩格斯文集 (第一卷) [M]. 北京: 人民出版社, 2009.

[48] 马连福, 王元芳, 沈小秀. 国有企业党组织治理、冗余雇员与高管薪酬契约 [J]. 管理世界, 2013 (5): 100-115, 130.

[49] 毛泽东选集 (第三卷) [M]. 北京: 人民出版社, 1991.

[50] 毛泽东选集 (第四卷) [M]. 北京: 人民出版社, 1991.

[51] 缪眎眎, 叶凝碧. 十年磨一剑再攀新高峰 [N]. 温州日报, 2021-02-19 (06).

[52] 裴明月. 非公企业党建对企业文化软实力的促进作用研究 [D]. 北京: 首都经济贸易大学, 2018.

[53] 蒲勇健, 韦琦. 政治资源对民营企业技术创新的影响——来自中国民营上市公司的经验证据 [J]. 软科学, 2020, 34 (8): 1-5.

[54] 祁凡骅, 康媛璐. 任务型党组织: 地方跨界治理的整合机制——以 H 省 N 市全域党建的地方实践为例 [J]. 内蒙古社会科学, 2024, 45 (1): 92-99, 213.

[55] 邱卫东, 胡博成. 嵌入与整合: 非公企业党建面临的困境及其对策研究 [J]. 社会主义研究, 2018 (1): 113-120.

[56] 全国非公有制经济组织党建研究专委会和浙江省党的建设研究会联合课题组, 洪复初, 干武东. 规模以下非公企业党的组织和工作覆盖问题研究 [J]. 中国延安干部学院学报, 2011, 4 (3): 42-48.

[57] 任映红. 非公企业党建评价体系的探索与构建 [J]. 江汉

论坛, 2007 (1): 32-35.

[58] 沈在蓉. 党建引领非公企业高质量发展的内在机理与实现机制 [J]. 中共杭州市委党校学报, 2024 (1): 22-29.

[59] 石竹林, 张斌. 新时代非公企业党建工作: 环境、困境与路径 [J]. 淮南师范学院学报, 2021 (5): 6-11.

[60] 宋敏, 周鹏, 司海涛. 金融科技与企业全要素生产率——"赋能"和信贷配给的视角 [J]. 中国工业经济, 2021 (4): 138-155.

[61] 汪斌锋. 从"外部党建"到"嵌融共生": 中小企业党建内生动力与推动路径 [J]. 领导科学, 2021 (20): 96-98.

[62] 王懂棋, 范雅康. 从嵌入到融合: 政党中心视角下的非公党建 [J]. 毛泽东思想研究, 2020, 37 (4): 115-124.

[63] 王建均. 民营企业党建工作实务与创新手册 [M]. 中华工商联合出版社有限责任公司, 2023.

[64] 王鹏. 新时代非公企业党的组织力提升研究 [D]. 济南: 山东大学, 2022.

[65] 王鹏, 周金龙. 信息化背景下非公企业党建如何高质量发展 [J]. 东岳论丛, 2021, 42 (8): 153-161.

[66] 王雄元, 黄玉菁. 外商直接投资与上市公司职工劳动收入份额: 趁火打劫抑或锦上添花 [J]. 中国工业经济, 2017 (4): 135-154.

[67] 韦庄禹, 李毅婷, 武可栋. 数字经济能否促进制造业高质量发展? 基于省际面板数据的实证分析 [J]. 武汉金融, 2021 (3): 37-45.

[68] 吴成颂, 程茹枫. 董事网络与制造业企业高质量发展——基于金融发展门槛效应的实证分析 [J]. 安徽大学学报 (哲学社会科学版), 2021, 45 (4): 144-156.

[69] 吴高强. 围绕发展抓党建, 抓好党建促发展 [N]. 东阳日报, 2003-06-12 (1).

[70] 吴胜. 非公企业党建工作的重要性及策略探讨 [J]. 中外企业文化, 2022 (6): 151-153.

[71] 吴翌琳, 于鸿君. 企业创新推动高质量发展的路径研究——基于中国制造业企业的微观实证 [J]. 北京大学学报（哲学社会科学版）, 2020, 57 (2): 105-118.

[72] 武秀红. 如何推动非公企业党建高质量发展 [J]. 现代企业, 2020 (7): 66, 101.

[73] 习近平. 干在实处 走在前列 [M]. 北京: 中共中央党校出版社, 2006.

[74] 习近平. 切实把思想统一到党的十八届三中全会精神上来 [N]. 人民日报, 2014-01-01 (01).

[75] 习近平. 在全国非公有制企业党的建设工作会议上的讲话 [N]. 人民日报, 2012-03-22.

[76] 习近平在浙江（下册）[M]. 北京: 中共中央党校出版社, 2021.

[77] 邢译文. 深圳市非公有制企业党建研究 [D]. 哈尔滨: 哈尔滨工业大学, 2021.

[78] 修宗峰, 顾宇鹏, 殷敬伟. 嵌入式党建降低了国有企业薪酬差距吗? [J]. 财经论丛, 2023 (2): 55-67.

[79] 修宗峰, 殷敬伟, 彭晓. 党建引领自律: 党建入章与国企高管在职消费 [J]. 商业经济与管理, 2023 (12): 53-71.

[80] 杨峥嵘. 把党委建在产业链上——长沙高新区企业党建工作调查报告 [J]. 新湘评论, 2020 (11): 30-31.

[81] 叶麒麟. 非公企业党建研究述评 [J]. 岭南学刊, 2014 (3): 69-73.

[82] 岳宇君，洪长威. 数字政府建设与企业高质量发展：内在机理与实证分析 [J]. 学术交流，2023（7）：88-103.

[83] 张淼，等. 靠什么两百多天突击"国字号工程"，舟山鼠浪湖岛绘就党员先锋"画卷"[N]. 瑞安日报，2022-07-01（03）.

[84] 张舒雯. 论习近平关于发展非公有制经济的重要论述 [D]. 福州：闽南师范大学，2021.

[85] 张显胜. 新时代非公有制企业党建工作创新性研究 [D]. 长春：中共吉林省委党校，2018.

[86] 郑长忠. 党建工作与非公企业有机融合的逻辑、空间与机制 [J]. 毛泽东邓小平理论研究，2019（11）：75-80，108.

[87] 郑登津，谢德仁，袁薇. 民营企业党组织影响力与盈余管理 [J]. 会计研究，2020（5）：62-79.

[88] 郑恒. 浅谈企业的人才管理与发展 [J]. 人才资源开发，2023（19）：90-91.

[89] 中共中央党史和文献研究院编. 十九大以来重要文献选编（上）[M]. 北京：中央文献出版社，2019.

[90] 中共中央文献研究室编. 十四大以来重要文献选编（上）[M]. 北京：人民出版社，1996.

[91] 中共中央文献研究室. 改革开放三十年重要文献选编（上）[M]. 北京：中央文献出版社，2008.

[92] 中共中央文献研究室. 习近平关于社会主义经济建设论述摘编 [M]. 北京：中央文献出版社，2017.

[93] 中共中央组织部组织二局. 非公有制企业党组织书记学习培训读本 [M]. 北京：党建读物出版社，2012.

[94] 中国共产党第十六次全国代表大会文件汇编 [M]. 北京：人民出版社，2002.

[95] 中央党校采访实录编辑室. 习近平在浙江（下册）[M]. 北京：中共中央党校出版社，2021.

[96] 周志强，王洁莹，易文婷，等. 资本密集度对企业高质量发展的影响——基于国有混企的实证分析[J]. 系统工程，2022，40（3）：45–55.

后　记

　　非公企业党建是党的基层组织建设的重要组成部分。改革开放四十多年，特别是进入新世纪以来，浙江非公企业党建已成为民营经济高质量发展的重要引擎，这与党中央对民营经济及非公企业党建工作的高度重视是分不开的。改革开放以来，浙江非公企业党建取得了哪些成效、经验和启示？非公企业党建对于非公经济是怎样的作用机理？课题组带着这些问题循迹溯源，从2023年6月开始，进行了一年多的调查研究，收集梳理浙江非公企业党建的发展历程、优秀案例，探寻总结提炼非公企业党建高质量发展的理论意蕴和实践价值，为进一步推动非公企业党建工作探寻理论依据和实践指导，为党的建设理论更加丰富完善提供实践样本。

　　课题组先后寻访了浙江11个地市、20余家单位、企业。在调研过程中，课题组得到了《非公有制企业党建》期刊社、丽水市委组织部、社工部、台州路桥区委组织部、绍兴柯桥区委组织部、金华横店集团东磁股份有限公司、正泰集团股份有限公司、嘉利特荏原泵业有限公司、浙江方林二手车市场有限公司、八环科技集团股份有限公司、红五环集团、闽峰化工有限公司、浙江中广电器集团股份有限公司、浙江梅轮电梯股份有限公司、传化集团有限公司、雅戈尔公司、公牛集团股份有限公司、浙江振中工程机械有限公司等单位的大力支持，并提供了丰富的一手资料。由于篇幅等原因，有些单位的材料没能完整呈现，但为我们全面深入研究非公企业党建提供了重要帮助，

后 记

在此一并致以诚挚谢意!

本书的撰写工作由浙江工业大学之江学院继续教育学院院长、绍兴市布商研究中心研究员董勇统筹完成,在课题研究和书稿撰写过程中得到了绍兴市新闻传媒中心(集团)高级编辑李武军老师的悉心指导。关于课题的选题把握以及整体推进,周群芳研究馆员全程参与;关于课题的研究方法选择以及模型架构,刘程军博士给予了关键意见;书稿的结构体例包括各章节的标题,李武军作了精心打磨。本书的调研、采访、撰写分工如下:第一章与第二章由董勇、周群芳、陈辰、金玉霞负责,第三章由董勇、庞旭方负责,第四章由董勇、陈华、陶美霞、贺湘君、陈铮立、金玉霞负责,第五章由董勇、刘程军负责,第六章由董勇、郑智超、杨苏琦、俞诗敏负责,最后由董勇统稿完成。本书的出版得到了浙江工业大学之江学院的大力支持,在此一并表示衷心的感谢!

因采集的样本数及其区域性等因素,本课题的调研未必能完全展现浙江省非公企业党建的全貌。诚然,浙江省各地非公企业党建工作存在发展不平衡的情况,许多基础数据不完善,无法收集完整,加上非公企业类型多样、发展程度不同等情况都给课题的调查和研究带来一定挑战。今后,课题组还会在前期研究的基础上,继续完善基础数据,跟进纵深研究。

本书在撰编过程中借鉴了相关著作、期刊、网站等资料,并尽可能在书中列出,但难免挂一漏万,如有疏漏,请及时联系笔者,以便补正。由于专业局限,且时间紧凑,书中可能存在不足之处,恳请业界及广大专家、读者不吝指正!

董 勇

2025 年 4 月